中国学生成长速读书

总策划／邢涛　主编／龚勋

华上下

五千年

第2卷

汕头大学出版社

Contents | 目录

·•· 中华上下五千年 (第2卷) ·•·

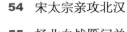

Part 3 第三章
草原帝国··

Part 4 第四章
明清兴衰··

第一章

Part1···

隋唐盛世

　　隋唐是中国历史上由分裂再次进入长期统一的时期，这一时期中国社会所达到的繁荣与兴盛的程度，是两汉远远不能及的。隋唐时期可以说是整个古代中国鼎盛时期的象征。唐朝在典章制度方面多有建树，对后世影响深远；对外采取较为开放的政策，使中外经济文化交流频繁。隋唐文化是中国封建文化的高峰，位于那个时期的世界前列。在科学技术方面，中国四大发明中的印刷术和火药两项均出现于这一时期，其他如天文、数学、地学、医学、建筑等方面，也都有突出成就。隋唐时的社会风气开放，民间生活的多姿多彩，都使得社会呈现出高度文明的气象。

□ 杨坚建隋

公元578年，统一北方的北周武帝去世。之后即位的宣帝是一个胸无大志并且十分残暴的皇帝。他登基后诛杀重臣，重用亲信，并派杨皇后的父亲隋国公杨坚替他主持朝政，自己过着奢侈荒淫的生活。宣帝即位不到一年，就传位给七岁的儿子宇文阐，即静帝，自己以天元皇帝的名义继续执掌政权。皇帝的昏庸使北周朝政混乱，内外离心。

公元581年，隋国公杨坚发动政变，废周称帝，改国号为隋，定都长安，史称隋文帝。隋文帝登基后积极着手各项改革，巩固中央集权，准备等到时机成熟，统一天下。

隋文帝吸收了北周亡国的教训，把自己的儿子们封到各地去驻守，同时让他们掌管当地及周围的军事，加强对地方的控制。他还罢黜了一些没有才干的大臣，提拔有真才实干的人。隋文帝还提倡节俭，大力发展经济。在他的治理下，隋的国力日渐强盛。

公元587年，隋文帝派出奇兵，一举灭掉梁国，拉开了进兵江南的序幕。第二年秋，他下令出兵五十二万，在整个长江沿线水路并进，向陈国大举进攻。此时，陈后主还过着花天酒地、纸醉金迷的生活。隋朝将领贺若弼按照原定的战略部署，规定凡守备江防的部队，每次调防时都要在历阳集中，并且遍插旌旗，广搭帐篷，用来迷惑敌人。

果然，陈国以为隋军要来进犯，立即调集国内全部兵力严密防御，随时准备迎击。不料隋军始终没有进攻的举动，只不过是守备部队例行调防而已。渐渐地，陈军习以为常，疏于戒备，把调来加强防御的重兵撤回。

公元589年正月初一清晨，两支隋军分别由大将贺若弼、韩擒虎率领，悄悄渡过了长江，接着又轻而易举地攻下陈的国都建康。至此，陈国宣告灭亡。隋文帝杨坚结束了东汉末年以来三百多年的分裂局面，重新统一了中国。

北周末年，隋国公杨坚发动政变，废周称帝，改国号为隋。

□ 杨广夺位

隋文帝杨坚有五个儿子，都是独孤皇后所生，其中二儿子杨广最能干。在南下灭陈和抵御北方突厥的过程中，他都曾立下大功，并网罗了一批人才。他一直想取代长兄杨勇的太子地位，只因为隋文帝信任杨勇，才没敢动手。

后来杨勇因为生活奢侈，不再讨隋文帝的欢心，杨广就加紧了夺取太子之位的活动。他为了博得隋文帝的好感，故意伪装出谦虚、俭朴的样子，同时极力笼络朝中大臣，得到群臣的交口称赞。

为了促成隋文帝废掉太子的决心，杨广又买通了独孤皇后身边的人，让他们称赞自己为人质朴厚道，还诬陷太子杨勇想要谋害自己。独孤皇后一听说后勃然大怒。独孤皇后本就不太喜欢杨勇，总想废掉他，这使她废除太子的决心更加坚定了。

丞相杨素是隋文帝身边的重要人物，杨广要当太子，没有杨素的支持是万万不能的。于是杨广费尽心机结交杨素。杨素权衡利害后，也倒向杨广一边，多次上书隋文帝请废杨勇。另外，杨广还在朝野中秘密散布对杨勇不利的传言。在皇后和杨素的努力下，公元600年，隋文帝正式废除太子杨勇，立杨广为太子。

公元604年，隋文帝病危。杨广贪恋皇位，等得有些不耐烦了，就写信给杨素商量。杨素的回信被送错了地方，落到了隋文帝的手里，隋文帝看后非常生气。后来隋文帝又听说自己宠幸的宣华夫人陈氏被杨广调戏，更是火冒三丈，想要废掉杨广的太子身份，重新传位给杨勇。杨广安排在隋文帝身边的亲信赶忙把这个坏消息报告给了杨广。

公元604年夏，杨广率军冲进皇宫，包围了隋文帝住的地方，派人杀死了隋文帝。接着，杨广又假传隋文帝的遗诏，处死了已废太子杨勇。就在这一年七月，杨广登上了皇位，他就是中国历史上有名的暴君隋炀帝。

杨广登基后，大施暴政，弄得臣民怨声载道。

□ 开凿大运河

隋炀帝杨广即位后，为了加强对全国政治上的控制，并且使江南地区的物资能够更方便地运到北方来，加上为了追求享乐，一开始就办了两件事：一是在洛阳建造一座新的都城，叫东都；二是开一条贯通南北的大运河。这条运河名叫"京杭大运河"，从今天的北京一直通到杭州。

公元605年，隋炀帝征发江南、淮北一百多万民夫，在北方开凿通济渠，从洛阳西苑通至淮河道的山阳（今江苏淮安），引洛水、淮水入黄河。当月又征发淮南几十万民夫，自山阳引淮水，汇入长江，这段叫邗沟。公元608年，他又征发河北一百多万民工，引沁水南达黄河，北到涿郡（今北京），这一段叫永济渠。公元610年，他再次下令从京口引长江水到苏杭，长达八百多里，这段叫江南河。最后，他把四条运河连接起来，就成了贯通南北的大运河。

・千里大运河・

京杭大运河是世界上最长的人工河流，也是最古老的运河之一。它和万里长城并称为我国古代的两项伟大工程，闻名于全世界。大运河北起北京，南达浙江杭州，流经北京、河北、天津、山东、江苏、浙江六个省市，沟通了海河、黄河、淮河、长江、钱塘江五大水系，全长1782千米。京杭运河一向为历代漕运要道，对南北经济和文化交流曾起到重大作用。

修河的工作十分繁重，在修河的过程中，民夫们每天天不亮就得起来，一直干到星星都布满天空的时候才能休息。大家都吃不饱、睡不好，很多人都累死、病死在工地上。隋炀帝还派出了五万名彪形大汉，各执刑杖，作为督促民夫劳动的监工。因为劳动负担很重，监工督责太急，动不动就用棍棒毒打，所以不到一年，三百六十万民夫死者竟达二百五十万。运河挖好的时候，隋炀帝派一个大臣去验收。这个大臣想出了一个办法：叫木匠用木头给他造了一只很大的木鹅；又叫铁匠打了一副铁鹅掌给木鹅装上。将铁脚木鹅从上游放下，顺流而动，如果木鹅停住了，就说明水浅，河道不合格。

隋朝开挖大运河，加重了广大老百姓的负担；但大运河的开通也有它的积极作用，它使中国的水路交通更为便利，促进了南、北方人民之间的交往，特别是在商业贸易上的交流。

隋炀帝的庞大船队浩浩荡荡地行驶在大运河上。

□ 李密牛角挂书

李密字玄邃，隋末京兆长安（今陕西西安）人。李密年少的时候，曾在隋炀帝的宫廷里当侍卫。他生性活泼好动，在值班的时候总是左顾右盼。隋炀帝发现后，认为这孩子不大老实，就免了他的差使。李密回家以后，发愤读书，决心做个有学问的人。

有一回，李密骑了一头牛，出门看望朋友。在路上，他把《汉书》挂在牛角上，抓紧时间看书。正好丞相杨素坐着马车从后面赶上来，看到前面有个青年在牛背上读书，暗暗奇怪。杨素在车上招呼说："那个书生，怎么这么用功啊？"李密回过头来一看，认出是宰相杨素，慌忙跳下牛背，向杨素作了一个揖，报了自己的姓名，并回答："我在读项羽的传记。"杨素跟李密亲切地谈了一阵，觉得这个年轻人很有抱负。

回家以后，杨素跟他儿子杨玄感说："我看李密这孩子的学识、才能，比你们几个兄弟都强得多。将来你们有什么紧要的事，可以找他商量。"从那以后，杨玄感就跟李密交上了朋友。后来杨素受到隋炀帝杨广猜忌，抑郁而死。公元613年，杨玄感决定起兵反对杨广。李密给杨玄感出了上中下三条计策。但杨玄感急于求成，只采纳了李密出的下策，结果被隋朝大军团团围住，最后被杀死了。

李密从混乱中逃了出来，想偷偷地逃回长安。但是隋军搜捕得很紧，李密还是被抓住了。押送的路上，李密跟十几个犯人一商量，把随身带的钱财都送给押送的隋兵，供他们吃喝。隋兵受了贿赂，防备松懈下来。李密他们就趁隋兵酒醉糊涂的时候，乘机逃跑了。李密脱离危险以后，改名换姓，东躲西藏，几次险些被官府抓去。他听说瓦岗寨（今河南滑县南）有一支起义军，兵力很强，首领为人厚道，又喜欢结交英雄，就去投奔了瓦岗军。后来，李密当上了瓦岗军的首领。在他的领导下，瓦岗军屡次击败隋朝的军队，声势不断壮大。在反抗隋朝统治的过程中，李密还在兴洛仓开仓放粮，为百姓做了不少好事。

李密坐在牛背上读书，引起了丞相杨素的注意。

□ 瓦岗军开仓分粮

隋炀帝的暴政激起民众的极大不满，各地百姓纷纷起来反抗。其中有一支起义军以瓦岗寨为根据地，成员多是渔民和猎户，首领叫翟让。他们专门打击官府富豪，因此前来投奔的人越来越多。

长安人李密投奔翟让以后，做了翟让的谋士。他帮助翟让整顿队伍，显示出了过人的才能。翟让虽然有了很多人马，实力逐渐强大起来，但是他并没想过自己能推翻隋炀帝。李密对翟让说："从前的刘邦、项羽本来也是普通老百姓，可后来却推翻了秦朝。现在皇上昏庸暴虐，百姓怨声载道，官军大部分又远在辽东。您手下兵强马壮，要拿下东都和长安，还不是轻而易举的事！"翟让听了很高兴。

公元617年的春天，翟让和李密带领瓦岗军趁隋炀帝在江都巡游、东都空虚的机会，进攻东都洛阳，后来又改变计划，决定先攻打东都附近的兴洛仓（今河南巩县）。

兴洛仓也叫洛口仓，是隋王朝建造的最大的粮仓。仓城方圆二十多里，城内有三千口大窖，每个窖里贮藏着八千石粮食。翟让、李密两人带七千名精兵攻打兴洛仓。这些士兵原本都是流离失所的农民，一听到攻打官府的粮仓，个个摩拳擦掌，勇气百倍，作战时奋力拼杀。很快，兴洛仓就被攻破了。

瓦岗军攻破兴洛仓以后，立刻发布命令，开仓分粮。兵士们打开一口口粮窖，把一斗斗的粮食分给百姓。受饥挨饿的农民从四面八方涌向粮仓，从头发花白的老人，到背着孩子的妇女，个个眼里带着激动的泪花，前来领粮。大伙都对瓦岗军充满了感激。

后来翟让把首领的地位让给了李密。瓦岗军推举李密为魏公，在洛口建立了自己的政权，整个中原都被震动了。

瓦岗军在翟让、李密等人的领导下，攻破兴洛仓，开仓为百姓放粮。

□ 李渊太原起兵

李渊本来是隋王朝的贵族，靠继承祖上的爵位当上了唐国公。公元617年，隋炀帝派李渊到太原去当留守，镇压不断爆发的农民起义。

李渊的次子李世民是他的几个儿子中最有才能、最有胆识的一个。李世民见隋朝大势已去，便立意帮助父亲夺取天下。这时候有人在李渊管辖的地方起兵造反，李渊派兵镇压，结果接连打了几个败仗。李世民抓住这个机会，劝李渊起兵反隋。李渊一听吓得要命，怎么也不肯同意。李世民说："父亲受皇上的委派，到这里讨伐反叛的人，可是造反的人越来越多，您怎么镇压得住？再说隋炀帝猜忌心很重，如果您立了功，处境只会更加危险。只有起兵造反才是唯一的出路。"李渊觉得他说得有道理，终于决定起兵。

当时，马邑郡人刘武周发动叛乱，李渊就以讨伐刘武周为名，开始招兵买马，还派人把正在河东打仗的另外两个儿子李建成和李元吉叫了回来。李渊手下的两个官员看到李渊父子的举动反常，想报告给隋炀帝。谁知这时突厥突然来袭太原，李渊就给这两人安个勾结突厥的罪名，趁机将他们杀掉了。接着，李渊用计解了太原之围，又写信与突厥和好，消除了威胁。

公元617年农历七月，李渊誓师，正式起兵反隋。李渊自称大将军，派儿子李建成和李世民分别做左右领军大都督，统领三万人马离开太原，向长安进军。他们一路上继续招募人马，并且学农民起义军的做法，每到一处都打开官仓，放粮给贫民。这样一来，拥护李渊的百姓便越来越多了。很快，李渊的大军就攻破了长安。随后，李渊拥立代王杨侑为帝，尊隋炀帝为太上皇。

公元617年，李渊率军三万，
正式起兵反隋。

□ 李密之死

　　李渊刚从太原起兵时，瓦岗军首领李密曾经写信给李渊，想和他结盟共图大计，实际上是想让李渊尊他为盟主。由于李渊当时正需要有人为他阻挡中原还没有被消灭的隋朝军队，使他免去后顾之忧，集中兵力拿下长安，所以李渊当即给李密回信，对李密极力吹捧，还说自己并没有取代隋朝之意。李密收到李渊的回信后非常高兴，于是专心于对付东面的隋军。

　　公元617年，李渊率唐军打败了驻守霍邑（今山西霍县）的隋朝将军宋老生，攻下了霍邑城。随后，李渊率兵直取关中，很快攻下了长安城。占领长安之后，李渊又下令禁止掳掠百姓，受到百姓们夹道欢迎。公元618年五月，隋朝的屯卫将军宇文化及在江都兵变，勒死了隋炀帝，李渊便逼恭帝杨侑禅位，自己称帝，建立了唐朝。

　　这一年，李密带领瓦岗军全力进攻东都洛阳。隋炀帝死后，郑国公王世充趁机发动政变，掌握了东都大权。一天夜里，王世充派遣兵士偷偷进入北邙山，埋伏在山谷里。第二天天色微亮，王世充率领士兵逼近李密的瓦岗军，同时命令埋伏的骑兵出击，放火烧毁了李密的营舍。瓦岗军溃败。后来，走投无路之下，李密只好率残部投降了李渊。

　　李密到长安以后，李渊只让他做了光禄卿，没有实权。李密心有不满，便请求李渊派自己去峰山以东，收降王世充军中自己的旧部。李渊听后没有任何怀疑便同意了，还派给李密一万人马。其实李密是为了脱离李渊，图谋东山再起。李密手下随行的大将王伯当苦劝李密归附李渊，但李密不听，执意要去重新开辟地盘。李密很快带人攻下桃林县（今河南灵宝），杀死县令，夺得粮食，并借险要地势向东进发。

　　消息传到熊州，唐右翊将军史万宝担心李密前来攻打，便让行军总管盛彦师带领人马埋伏在李密必经的熊耳山上。熊耳山山高林密，中间一条峡谷便是唯一的通道。当李密的部队全部进入埋伏圈后，盛彦师一声令下，乱箭齐发。李密所带军兵猝不及防，无处躲藏，死的死，伤的伤。李密无力反抗，身中数箭而亡，死时年仅三十七岁。

李密没料到熊耳山中埋伏着盛彦师的军队，结果被乱箭射死。

□ 李世民取东都

李渊刚刚称帝时，东都洛阳还在隋朝的东都留守杨侗（炀帝的孙子）和大臣王世充手里。王世充把杨侗立为皇帝，继续打着隋朝的旗号，对抗起义军。在北邙山一战打败瓦岗军后，王世充把杨侗废了，自立为帝，国号为郑。

这时候，唐军已经削平了西北几个豪强的割据势力，稳定了后方。公元620年，唐高祖派李世民统率大军进攻东都。从这年秋天一直到第二年春天，唐军把东都包围得水泄不通，日夜不停地攻城。王世充在城里严密防守，不断用石、弩箭袭击城外唐军。日子一久，唐军将士也感到疲劳。有人向李世民建议暂时停止进攻，回长安休整后再打。李世民却下令说："不攻下东都，决不退兵。"王世充被逼得走投无路，只好派人偷偷地出城，赶到河北向一支起义军首领夏王窦建德求救。

窦建德接到王世充的求救信，一面带领三十万人马水陆并进，援救东都；一面派出使者给李世民送去一封信，威逼李世民退回关中。如果让窦建德跟王世充两军会合，用河北的粮食接济东都，那胜利就没有希望了。于是李世民把四弟李元吉留在东都继续围攻王世充，自己带三千多精兵北上，扼守武牢关（今河南荥阳汜水镇）。

窦建德大军到了武牢关，被唐兵拦住。夏军发起几次进攻都没成

隋炀帝死后，东都洛阳还在隋朝旧臣手里，唐高祖李渊便派李世民统率大军攻取东都。

功，李世民却派轻骑兵抄小路，切断了夏军的粮道。窦建德仗着自己兵力强大，命令全军出动，摆开了阵势。李世民上高地观察了夏军的阵势，说："窦建德没有遇到过强大的敌手，从他的阵势就可以看出他骄傲轻敌。我们只要按兵不动，等待他们兵士疲劳的时候，一举出击，一定能打败他们。"夏军等了大半天，唐军都不出战。到后来，夏军又饥又累，军心涣散。李世民见时机已到，立刻下令出兵。窦建德赶忙指挥骑兵应战，双方展开了激战。结果夏军不敌，窦建德被俘。

打败夏军后，李世民再回兵围攻东都。王世充眼看大势已去，只好向唐军投降。

窦建德被押送到长安不久被杀，他的部将刘黑闼继续率河北夏军对抗唐军。唐军又花了三年时间，才把河北地区稳定下来。到了公元623年，唐统一中国的战争基本结束。

□ 玄武门之变

唐朝建立后，高祖李渊立长子李建成为太子，次子李世民为秦王，四子李元吉为齐王。自李渊太原起兵到统一全国，秦王李世民战功显赫，在朝野上下的威信与日俱增。太子李建成见李世民谋略过人，手下人才济济，唯恐太子之位被他夺走，便和齐王李元吉联合起来想谋害他。

公元626年，突厥南侵，太子李建成和李元吉觉得铲除李世民的时机已经到来，便向高祖建议，让李元吉代替李世民北伐突厥，并调李世民部下大将尉迟恭和秦琼等人随同出征。他们企图将李世民身边的大将全部调离开，趁出兵饯行的时候刺杀他。太子的一个属官得知后，马上向李世民报告了这个阴谋。

李世民感到形势紧急，连忙找内兄长孙无忌和大将尉迟恭商量，两人都劝李世民先发制人。李世民看部下都十分坚决，就下了决心。当天夜里，李世民进宫面见高祖，诉说太子跟李元吉意图谋害他。高祖答应等天明叫兄弟三人一起进宫，由他亲自查问。第二天早上，李世民在皇宫北面的玄武门埋伏人马，只等两人进宫。太子李建成和齐王李元

> ### · 兵农合一的府兵制 ·
>
> 府兵制源自北朝，唐朝承袭并有所改革，将其发展为兵农合一的兵制，将士卒的来源扩大到平民阶层。府兵制以国家授田的均田制为基础，实行兵农合一。府兵除外出执行任务外，不脱离自己所分得的土地和农业生产；被选为府兵的，不需交税，但必须自备军服、兵器和军粮，以减轻国家的负担。府兵的主要任务是宿卫京师。

吉经过玄武门时，发现情况有些不对，立刻调头准备逃跑，此时躲在暗处的李世民已经杀出来，双方展开了激战。李元吉射了三箭均没有射中李世民。李世民却一箭将李建成射死。李元吉也中箭负伤，边逃边战，但最后终因寡不敌众，被大将尉迟恭杀死。这就是"玄武门之变"。

李世民杀死兄弟之后，派尉迟恭带兵进宫，逼高祖交出军权。随后，李世民又诛灭了建成、元吉的后人，以斩草除根。公元626年农历六月七日，高祖诏立李世民为太子。当年八月，高祖又被逼让出皇位，自称太上皇，传位给太子李世民，即唐太宗，次年改元贞观。

在"玄武门之变"中，李世民及其大将射杀了兄长李建成和弟弟李元吉。

□ 贞观之治

唐太宗李世民是中国历史上的一代英主，他的政绩一直为后世所传颂。李世民因亲眼目睹隋朝的覆亡，所以即位后常用隋炀帝作为反面教材来警戒自己及下属。他借鉴荀子的思想，把人民和君主的关系比作水与舟，认识到"水能载舟，亦能覆舟"的道理。

在政治上，唐太宗留心吏治，选贤任能，从谏如流。他以唯才是举的原则重建了中央权力中心，不计个人恩怨和私利，任人唯贤。他手下的文武大臣有隋朝的旧将封德彝，有来自瓦岗军的秦琼、徐勣，而著名的谏臣魏徵甚至曾是太子李建成的部下。此外，他重视地方政治，抑制旧士族的势力，慎择刺史，吏治比较清明。唐太宗还曾依照大臣意见释放宫女，纵放鹰犬，提倡节俭，实行轻徭薄赋政策，发展生产，以缓和阶级矛盾。

唐太宗在经济上特别关注农业生产。他贯彻实行均田制与租庸调制，招抚逃亡的农民，给他们土地，鼓励他们从事农业生产。为解决耕地不足的问题，他一再缩减皇家占地面积，以增加农民耕地。每逢自然灾害严重的年景，唐太宗总是要下令减免租赋，这些举措使人民能够丰衣足食，安居乐业。

在文化方面，唐太宗重视思想教化，积极提倡儒学，大力兴办学校，奖励学术，组织文士大修诸经和史籍。同时他还增加了科举考试的科目，规定必须考策论和经史，这非常有利于人才的全面发展。唐太宗还在长安设国子监，允许周边国家的皇室子弟来唐留学。

此外，唐太宗还采取开明的民族政策，降东突厥，平薛延陀，征高丽，服吐蕃，平回纥，使唐朝国威远播四方，确保了边疆的安定。他还提倡"胡汉一家"，并遣文成公主和亲吐蕃，为汉藏两族间的友好交往开了先河，在少数民族中赢得了"天可汗"的美誉。

在唐太宗执政的贞观年间（公元627～649年），唐朝出现了一个政治清明、经济发展、社会安定的太平盛世，历史上把它称为"贞观之治"。

贞观年间，唐朝长安城出现了可喜的繁荣景象。

□ 魏徵直谏

魏徵是唐太宗时期的著名谏官，据说他一生中曾向唐太宗进谏二百多次。唐太宗曾经问魏徵："历史上的君王，为什么有的人明智，有的人昏庸？"魏徵说："多听各方面的不同意见，就会明智；而如果只听一方面的意见，肯定就会昏庸。"他还举了历史上尧、舜和秦二世、隋炀帝等人的例子，说："治理天下的君王如果能够采纳下面的意见，那么下情就能上达，他的亲信要想蒙蔽也蒙蔽不了。"唐太宗听了连连点头。

有一次，唐太宗听信谗言，批评魏徵包庇自己的亲戚。经魏徵解释，唐太宗知道是自己错怪了他。魏徵乘机进言道："我希望陛下让我成为一个良臣，不要让我做一个忠臣。"唐太宗惊讶地问："难道良臣和忠臣有区别吗？"魏徵说："有很大区别。良臣拥有美名，君主也得到好名声，子孙相传，千古流芳；忠臣因得罪君王而被杀，君王得到的是一个昏庸的恶名，国破家亡，而忠臣得到的只是一个空名。"唐太宗听后十分感动。

魏徵进谏从不管唐太宗是否乐意听，因此往往触怒龙颜。就是当唐太宗雷霆震怒，其他大臣敛气低头时，他仍能神色镇定，从容陈词。有一次上朝的时候，魏徵跟唐太宗争得面红耳赤。唐太宗憋了一肚子气回到内宫，见了长孙皇后，抱怨道："总有一天，朕要杀死那个乡巴佬！"长孙皇后很少见唐太宗发那么大的火，便问道："陛下想杀哪一个？"唐太宗说："还不是那个魏徵！他总是当着大家的面侮辱朕！"长孙皇后听了，回到自己的内室，换了一套朝见的礼服，向唐太宗下拜。唐太宗不知何意，便问她这是干什么。长孙皇后说："臣妾听说有英明的天子才有正直的大臣，现在魏徵这样正直，正说明陛下的英明，我怎么能不向陛下祝贺呢？"长孙皇后的一番话令唐太宗的怒火平息了下去。

正是在魏徵的辅佐和劝谏下，唐太宗避免了一些劳民伤财之举，并且取得了贞观之治的大好局面。魏徵去世后，唐太宗十分怀念他，对左右大臣说："以铜为镜，可以正衣冠；以古为镜，可以知兴替；以人为镜，可以明得失。魏徵去世，朕失去了一面好镜子啊！"

魏徵正直刚毅，常直言进谏，得到了唐太宗的器重。

□ 薛仁贵瞒天过海

在东汉时期，我国东北的辽东郡有一支高句丽族，建立了高丽王国。高丽建国初期，仅在浑江、鸭绿江中游占据一小片土地，人口也很少。可是高丽人善于经营，长远筹划，逐步扩大了自己的地盘。对于中原王朝，他们采取表面顺服，暗地积力的策略。至六世纪，高丽王国领土已经扩大了十倍，人口也大大增加。

到隋唐时期，高丽已成为东亚地区仅次于中国的第二大强国，它与当时周边国家和部族经常发生战争，对唐朝政权也慢慢构成了威胁。公元644年，唐太宗决定出征攻打高丽。

唐太宗以刑部尚书张亮为平壤道行军大总管，率领江南、淮河、岭南、三峡等地水兵四万，又在长安、洛阳招募了三千志愿兵，乘三百艘战舰出征。大军需从山东的东莱跨过渤海，直赴高丽都城平壤。可是，当唐太宗率领浩浩荡荡的大军来到海边时，他举目远眺，见沧海茫茫、一望无边，大军很难渡过去，不禁大为着急，竟然萌生退兵之意。

大将薛仁贵见状，心生一计。他请太宗来到海边一座五彩的营帐中歇息，并请文武百官

> **·地方监察制度的设立·**
>
> 唐朝贞观年间，为了加强中央对地方的控制，唐太宗根据山川形势，把全国分为关内、河南、河东、河北、山南、陇右、淮南、江南、剑南、岭南十道。道是监察机构，皇帝经常派巡察使、按察使等官员到各道、州、县检查工作，进行监督。这样，唐政府的地方监察制度就正式确立起来了。至唐玄宗时，唐政府又分全国为十五道。

一起陪同太宗饮酒作乐，一时间，笙歌四起、美酒飘香。此情此景竟然使太宗忘记了忧愁，沉浸在一片欢乐之中，不知不觉就陷入了酣睡。他睡得正香时，忽然被帐外的波涛汹涌之声惊醒，便急忙揭开帐幕向外张望。这才发现自己与三十万大军正在乘船渡海，而且马上就要到达彼岸了。

唐太宗大喜，拉着薛仁贵的手说道："朕不喜得辽东，喜得卿也。"

原来，薛仁贵担心唐太宗因为大海阻隔而放弃东征，便瞒着他指挥大军渡海，从而帮助唐太宗顺利实现出征攻打高丽的计划。

唐太宗一觉醒来，向外一看，才发现自己的军队即将顺利过海。

□ 李靖出击突厥

　　唐太宗即位初期，西部边境上还很不安定，特别是东突厥，当时还很强大，成为唐朝主要的威胁。为解除这一威胁，公元629年，唐太宗任命李靖、柴绍等人为行军总管，率大军十万，由李靖统一指挥，分路进攻东突厥。

　　李靖受命后，亲自率领三千精锐骑兵，从马邑出发，趁突厥的颉利可汗不备，连夜进军，逼近突厥在定襄（今内蒙古和林格尔西北）的营地。颉利毫无防备，发现唐军突然出现，大惊失色。将士们也慌了手脚，纷纷猜测："如果唐兵不倾国而来，李靖决不会孤军深入。"还没有等到唐军发起攻击，突厥军就先乱了起来。

　　随后，李靖又派间谍混进突厥军内部活动，说服颉利一个心腹将领投降。颉利一看形势不妙，就偷偷地逃跑了。于是李靖攻下定襄，得胜回朝。

　　颉利逃到阴山以北，怕唐军继续追赶，就派使者到长安求和。唐太宗一面派使者到突厥，表示安抚；另一方面又命令李靖带兵深入阴山，准备活捉颉利。果然，颉利求和实际上只是缓兵之计。他看到唐朝使节来到，以为唐太宗中了他的计，暗暗高兴，防备也自然松懈下来。

　　一天晚上，李靖率领唐军到了阴山，命令部将率领二百名轻骑，冒着夜雾悄悄进军。等到突厥发现唐军的时候，唐军距颉利营帐只有七里了。颉利得知唐军骑兵来到，慌忙骑上他的千里马逃走。李靖指挥唐军追杀，突厥兵没有主帅，乱成一团。结果唐军歼灭突厥兵一万多人，还俘获了大批俘虏和牲畜。颉利可汗东奔西逃，带着几个亲兵躲进荒山里，最后被他的部下抓起来交给了唐军，被押送到长安。

　　自此以后，东突厥灭亡。唐太宗在东突厥原属地设立了都督府，让突厥贵族担任都督，由他们管理突厥各部。

李靖率领唐军冲入颉利营帐，突厥兵一时乱成一团。

□ 文成公主入吐蕃

为了寻求唐朝对新建吐蕃王朝政治上的支持，吐蕃的赞普（吐蕃王的称号）松赞干布曾三次向唐朝请求"和亲"，但前两次唐太宗都没有准许。

公元640年，松赞干布又派了一个能干的使者禄东赞带了一百人的出使队伍，备了五千两黄金和许多珍宝作为厚礼，到长安去求亲。唐太宗李世民接见了禄东赞。禄东赞转达了他们的赞普想跟唐朝友好的心愿，说得异常诚恳。唐太宗有感于吐蕃的诚意，就在皇族的女儿中挑选了一个美丽温柔的女孩，封为文成公主，把她许配给松赞干布。

文成公主仰慕松赞干布这位英俊勇敢的吐蕃王，为使唐、蕃化解干戈，她欣然肩负起唐蕃"和亲"的重任，远嫁雪域王国吐蕃。为满足松赞干布学习中原文明的愿望，她不仅带去了中原地区的工匠、五谷种子、医药、丝绸，还把历算、艺术等书籍带入吐蕃。一路上，文成公主走到哪里，就将栽桑养蚕、制作酥油的技术传播到哪里，深受沿途各族人民的称赞。松赞干布一听文成公主到了，亲自从逻些（今西藏拉萨）赶到柏海（今青海鄂陵湖和扎陵湖一带）迎接，并与文成公主举行了隆重的婚礼。

婚后的文成公主不仅和松赞干布恩爱异常，对待吐蕃人民也是关爱谦和。她还传授吐蕃人民纺织、农耕、牧业等各种适合他们的生产技术。松赞干布为了表达自己以及吐蕃人民对文成公主的热爱，还在逻些仿照唐朝建筑的样式，专门为她修建了布达拉宫和大昭寺。文成公主入吐蕃四十年，为唐蕃之间的和平和汉藏民族之间的和睦做出了重要贡献。

> **·八议制度·**
>
> 唐朝的法律制度沿用了前朝的八议制度，所谓八议，即：议亲（皇帝亲戚）、议故（皇帝故旧）、议贤（有德行和影响的人）、议能（有大才能）、议功（有大功勋）、议贵（贵族官僚）、议勤（为国家勤劳服务）、议宾（前朝统治者及其后代）。这一制度使得贵族官僚地主更全面地获得了凌驾于法律之上的特权，它加深了广大人民的苦难，对后世也产生了深远的影响。

文成公主和松赞干布体察民情，指导藏族人民耕种的技术。

口 玄奘西行

唐朝是中国历史上继汉朝之后的又一鼎盛时代。在唐朝前期，通过对外用兵和海陆交通，盛唐的威名远扬四方，中外交流极为频繁，中西文化的交流也出现了前所未有的局面，其中又以唐僧玄奘（又称三藏）西行取经意义最为重大。

玄奘俗姓陈，玄奘是他的法号，在定慧寺出家。他在苦心研读佛经的过程中，发现国内佛经不仅残缺不全，而且错误纰漏颇多。为了了解经典真义，他决心到佛教圣地求取真经，此举得到了唐太宗的支持。

公元627年，玄奘由长安出发，开始了漫漫西行之路。经过四年的长途跋涉，他终于到达印度佛教中心——摩揭陀古国（今印度比哈尔邦境内）。他在当时佛教的最高学府——那烂陀寺跟戒贤大师学法，历时五年。玄奘一面留学，一面巡游"五印度"（即东印度、北印度、西

玄奘风餐露宿，历经磨难，终从印度取得真经。

印度、南印度和中印度，或称"五天竺"）。印度的戒日王慕玄奘之名，请他到曲女城（今印度卡瑙季），专门为他举行了一次全印度的佛教辩论大会。玄奘在会上赢了所有的论敌，声名震动了整个印度。

离开曲女城后，玄奘即取道北印度回国。公元645年初，玄奘带着六百多部佛经回到阔别十几年的长安。回国后，玄奘受到了唐太宗李世民的接见。唐太宗对他的壮举十分赞赏，将他安置于京城的弘福寺，后移往新修成的大慈恩寺，让他专心翻译从天竺带回来的佛经。

玄奘还和他的弟子一起，编写了一本《大唐西域记》。在这本书里，他把亲自到过的一百一十个国家的地理情况、风俗习惯记载下来，成为重要的历史和地理著作。

玄奘是中国佛教、中外交通与文化交流历史上一个极其重要的人物。明朝小说家吴承恩将他的经历和事迹根据民间传说作了艺术加工，写成优秀的长篇神话小说《西游记》。但是那里面的故事，跟真正的玄奘取经的事迹已经相差甚远了。

□ 药王孙思邈

孙思邈是我国唐代伟大的医药学家、养生学家和思想家。由于幼年多病，他十八岁立志学医，二十岁即为乡邻治病。

孙思邈的医德十分高尚，若有病人向他求医，不论其贫富贵贱，亲友生疏，他都一视同仁，如同亲人般对待。

一次，孙思邈看到几个人抬着棺材在前面走，棺材里滴出几点鲜血，后边跟着一个老婆婆，一路伤心大哭。他过去一问，才知道是老婆婆的女儿刚刚因难产而死。孙思邈根据滴出来的鲜血认定产妇并没有死，命人开棺。只见产妇脸色蜡黄，但一摸脉搏还在微微跳动。孙思邈选定穴位，只扎了一针，不一会儿，产妇就苏醒过来，胎儿也顺利产下。

孙思邈对古典医学有深刻的研究，对民间验方十分重视。他一生致力于医学临床研究，有二十四项成果开创了我国医药学史上的先河，特别是在倡导妇科、儿科、针灸穴位等方面是前人所不能及的。

孙思邈还是继张仲景之后中国第一个全面系统地研究中医药的先驱者，为中医的发展做出了极大的贡献。由于看到古代诸家医方散乱浩博，查找起来很困难，他便博采群经，勤求古今，删裁繁复，一求简易，于公元652年

> • 世界第一部官修药典——《新修本草》•
>
> 　　唐高宗时，朝廷组织了当时著名的医官和其他学科的专家二十余人，对流传已久的本草进行了研究和修订，历经两年编成《新修本草》，并颁行全国。全书共五十三卷，收入一百四十四种药物，论述药物名称、性味、功效，并按实物绘制有药物图。这是世界上第一部由国家修订及颁行的药典。该书系统地总结了唐以前的本草学成就，对统一药名、掌握药物疗效起到了重大作用。

撰成《备急千金要方》。此书共三十卷，内容极为丰富。在此书完成之后，他感到《千金要方》还有不足之处，便又续作了一部医书，称为《千金翼方》。

孙思邈一生勤于著书，直至晚年还隐居于陕西耀县五台山（又称药王山）专心立著。他一生著书八十多部，其中以《千金要方》和《千金翼方》影响最大，两部巨著共六十卷，收录药方共约六千五百剂，是我国最早的一部临床实用百科全书。

孙思邈是中华医学发展长河中一颗璀璨夺目的明星，在中外医学史上留下不可磨灭的功勋，千余年来一直受到人们的尊敬。因为他在医药学上取得了辉煌成就，后人便称他为"药王"。

药王行医图

□ 高宗拒谏立武氏

武则天，并州文水（今山西文水东）人，是唐高宗李治的皇后。入宫前，她的父亲是当时的工部尚书。武氏十四岁时，唐太宗闻知她的美貌，将她召入后宫，封为才人。初进宫的武氏以其特有的妩媚博得了唐太宗的欢心，但她深知，在佳丽如云的后宫是难以得到太宗长久的宠爱的。后来唐太宗病危，太子李治侍奉在侧，武氏与他渐渐产生生感情。

公元649年，太宗驾崩。按照当时的宫廷制度，二十六岁的武氏及后宫中没有生养的妃嫔，都被送进了感业寺削发为尼，为先皇祈福。公元654年的一天，逢太宗忌日，李治到感业寺进香，与武氏相遇，两人旧情重温。随后李治就把她召回后宫，封为昭仪。

武氏再次入宫后，开始的时候对王皇后卑躬屈节，极力奉承。她知道王皇后与萧淑妃有矛盾，便与王皇后联合，夺去了高宗对萧氏的宠爱。当萧氏失宠后，武氏就把目标转向了王皇后。恰好武氏生了一个女孩，皇后很喜欢，在屋里逗弄她。皇后出去以后，武氏偷偷把小孩掐死，用被子盖上。正好高宗驾临，武氏假装打开被子看孩子，发现已经死了，立即惊讶痛哭。高宗向左右侍从询问，大家都说皇后刚刚来过。高宗大怒，决定废掉皇后，改立武氏为后。

在封建社会，皇后的废与立都是国家大事，必须由大臣们共同商议。朝廷的大臣们分成了两派。反对立武氏为后的意见主要来自朝廷重臣长孙无忌和褚遂良。他们极力为王皇后辩解，说她出身高贵，忠厚贤惠，没有什么大过失，不该被废皇后之位；而武则天却出身贫寒（其父曾为木材商人），还曾经侍奉过先帝太宗，立为皇后则违背了礼制。韩瑗等大臣也表示反对。而李义府、许敬宗等人为了在高宗和武氏面前争功邀宠，就站到了长孙无忌的对立面，支持武氏做皇后。最终，在公元654年，高宗下诏书废王皇后、萧淑妃为庶人，六天后正式册立武氏为皇后。

*武氏狠心亲手掐死自己的女儿，
以此来陷害王皇后。*

□ 女帝武则天

武氏得志做了皇后以后，开始兼管政务。当时高宗有眼疾，疏怠朝政。而武后聪慧有谋，处理政事游刃有余，高宗便将政事都委托于她。武后涉政，权力越来越大。后来她除掉反对自己的长孙无忌、上官仪等老臣，于公元664年垂帘听政，与高宗同朝处理国家大事，时人将武后与高宗并称"二圣"。自此，唐朝权柄，尽在武则天掌握之中。

公元683年，唐高宗李治驾崩，太子李显即位，是为中宗，尊武后为皇太后。次年，武后借口中宗将岳父韦玄贞封为宰相一事，废掉中宗，立李旦为帝。后来她又把李旦软禁起来，政事无论大小均亲自裁决。公元690年，也就是武后六十七岁那年，她废掉李旦，自立为帝，改国号为周，自己立号为圣神皇帝。因为她死后曾有尊号"则天大圣皇帝"，所以后人称她为"武则天"。

武则天称帝后，励精图治，奖励农桑，发展经济，维持了国家繁荣兴盛的局面。她还大开科举，破格用人，提拔了许多庶族地主。她知人善任，容人纳谏，后来唐玄宗开元年间的许多能臣，如姚崇、张说等，就是她在位期间选拔出来的。在武则天掌理朝政近半个世纪的时间里，唐朝社会稳定，经济发展，为后来的"开元盛世"打下了基础。但是在另一方面，武则天崇信佛教，曾耗费大量人力物力修建寺院，因此大大加重了百姓的负担。武则天还排除异己，在位期间大封武氏诸王，而且重用酷吏，严刑峻法，使冤狱丛生。

晚年的武则天好大喜功，生活奢靡，宠爱张氏兄弟，不理朝政。公元705年，宰相张柬之发动政变，迫使武则天让位，由中宗复位，重建唐朝。武则天临终时立下遗嘱，宣布去掉帝号，与高宗在乾陵合葬，并且嘱咐为她树碑，但不立传。

在中国封建历史上，皇太后掌握政权的情况并不少见。然而，自称皇帝并且改换朝代的只有武则天一人。她统治周数十年，上承"贞观之治"，下启"开元盛世"，可以说在中国历史上创造了一个奇迹。

武则天做了皇后以后，帮助高宗处理政事，逐渐取得了朝政大权。

请君人瓮

武则天刚刚登上帝位之时，为防范有人谋反，便重用酷吏，大力推行滥杀举措。这些酷吏中最有代表性的就是周兴与来俊臣。两人杀人成性，还写过一部《罗织经》，阐述诬陷别人的心得。他们把毫无罪过的人罗织成罪，再指派人进行诬告，最后动用酷刑，一时间屈打成招、蒙冤下狱者比比皆是。

公元691年，有一天，武则天接到告密信，说周兴意图谋反，便派来俊臣去调查。来俊臣不动声色地来到周兴家，在饭桌上边喝酒边说："我最近抓了一批犯人，大多不肯老实招供，您看该怎么办？"周兴一听，顿时来了精神，摇头晃脑地笑着说："这还不容易！我最近就想出一个新办法。拿一个大瓮，周围放好烧得通红的炭火，把犯人放在瓮中烤，就算他是铁打的，恐怕也不敢不招认了吧？"说完，他得意地纵声大笑。来俊臣听了，连连称赞说："好办法，好办法！"他一面说，一面叫公差去搬来一只大瓮和一盆炭火，把瓮放在火盆上。盆里炭火熊熊，烤得整个厅堂里的人禁

不住流汗。周兴非常奇怪，问："怎么，贤弟要亲自拷问犯人吗？"来俊臣站起来，拉长了脸说："接圣上密旨，有人告发周兄谋反。你如果不老实招供，只好请你进这个瓮了。"周兴一听，吓得魂飞魄散，连忙跪在地上磕头求饶，表示愿意招认。来俊臣根据周兴的口供，定了他死罪。武则天念在周兴毕竟为她干了不少事的情分上，赦免了周兴的死罪，把他革职流放到岭南去。由于周兴以前结下的仇家太多，所以他在半路上就被人暗杀了。

来俊臣继续干了五六年诬陷杀人的事，前前后后不知道杀害了多少官吏百姓。他的胃口越来越大，想独掌朝廷大权，因嫌武则天的侄儿武三思和女儿太平公主势力大，最后索性告到他们身上去了。武三思和太平公主先发制人，把来俊臣平时诬陷好人、滥施刑罚的老底全都揭了出来，并且把来俊臣抓起来，判了死罪。武则天还想庇护他，但一看反对来俊臣的人太多，只好批准把他处死。

来俊臣被处死刑那天，人人称快，大家互相祝贺说："从现在起，夜里可以安心睡觉了。"

来俊臣利用周兴想出的办法，来胁迫周兴招供。

□ 贤相狄仁杰

狄仁杰字怀英，并州太原人。他成年后考中明经科，在唐高宗仪凤年间任大理丞。

狄仁杰任大理丞期间，为官刚正廉明，执法不阿，兢兢业业，一年中判决了大量的积压案件，涉及到一万多人，一时名声大震。

狄仁杰甚至敢于犯颜直谏。武卫大将军权善才曾误砍昭陵柏树，唐高宗大怒，命令将其处死。狄仁杰奏称权善才罪不当死，唐高宗疾言厉色地说："权善才的行为使我背上不孝之名，我非杀了他不可！"狄仁杰据理力争："如果今天陛下因为昭陵的一株柏树而杀了一名将军，那千载之后人们将如何评价您呢？所以臣才不敢奉旨杀权善才，陷陛下于不仁啊！"狄仁杰的一番话终于迫使唐高宗赦免了权善才的死罪。

武则天在位期间，狄仁杰调至京城，被任命为宰相。他非常善于推荐贤才。武则天曾经问狄仁杰："朕希望能找到一位杰出的人才委以重任，您看谁能够称职呢？"狄仁杰答道："如果您所要的是辞章含蓄风雅的人，那么苏味道、李

武则天听说狄仁杰很有才能，就把他调到京城当宰相。

峤就是当然的人选。如果您要找的是出类拔萃的治国奇才，那就只有荆州长史张柬之了。"武则天听取他的建议，任命张柬之为秋官侍郎。张柬之果然不负众望，政绩斐然。

狄仁杰的儿子狄光嗣果敢正直，精明能干又有学问。狄仁杰便举贤不避亲，向朝廷推荐了狄光嗣。武则天任命狄光嗣为地官员外郎，掌管天下户口。狄光嗣上任后不久，制定、审核户口账簿，申报户口准确，处理相关事务条理分明。武则天知道后，对狄仁杰判断人的能力更加赞赏。

唐朝名相娄师德忠厚宽容，狄仁杰出任宰相就是他举荐的，可狄仁杰并不知此事。有一次，武则天问狄仁杰对娄师德的看法，狄仁杰说并没发现娄师德有什么过人之处。武则天说："正是他推荐你做宰相的，他很会看人。"狄仁杰听了非常震惊，从此更加审慎察人，大胆用人，努力不让能人贤士埋没。

□ 安乐公主弄权

安乐公主是唐中宗与韦皇后所生的女儿。她是中宗与韦后在被流放房州的途中生下的，中宗觉得这个女儿曾与自己同患难，因而对她备加疼爱，无论她干什么错事都不肯责备她。于是安乐公主倚仗父皇的宠爱，卖官鬻爵，受贿枉法，无所不为。

当时皇帝任命官员的诏书须由中书省下达，而安乐公主发明了一种被称为"斜封官"的方法，即想做官的人只要交钱三十万，她就可以从中宗那里弄得一纸任命的诏令，不经过中书省，而另从侧门直接下达。从此，不管是屠夫小贩，还是奴婢仆役，只要交齐钱数，都能混上一官半职。

安乐公主与中宗的另一个女儿长宁公主竞相大兴土木，广建宅第，并在装修的奢侈豪华等方面互相攀比。长安有一个昆明池，是西汉武帝时开凿的。安乐公主嫁出宫后，心中常怀念昆明池畔的优美风景，便请求父亲把昆明池赏给她，划到驸马府园地中去。中宗拒绝说："昆明池自从前代以来，从不曾赏人，朕不能违背祖宗成例。"安乐公主非常生气，便自行强夺民田，开凿了一个大池，取名为定昆池，隐隐有超过昆明池的意思。池边草木风景，与昆明池的一模一样；池中央仿照华山堆起一座石山，从山巅飞下一股瀑布倒泻在池水里；另辟一条清溪，用玉石砌岸，两岸琪花瑶草，芬芳馥郁，溪底全用珊瑚宝石筑成，极尽奢华。

安乐公主好像继承了她的祖母武则天和她的母亲韦皇后的权力欲，一直野心勃勃地想当皇太女，好继承中宗的帝位。她有时自己草写圣旨，写好后遮住内容，哄骗中宗盖印。她还多次向中宗要求正式册立她为皇太女，中宗虽未同意，但也没有责怪她不守本分。她的异母兄弟李重俊是皇太子，是她幻想当上皇太女的最大障碍，所以，安乐公主对李重俊非常痛恨。安乐公主有时候当面骂李重俊为奴，私下又在中宗面前进行百般陷害，要求中宗废掉他。

安乐公主在宫中的气焰越来越嚣张，唐中宗姑息养奸，最后终于死在自己女儿的手中。

安乐公主命人修建的定昆池，其漂亮程度不亚于昆明池。

□ 中宗身亡

唐中宗李显在被武则天废黜，迁于房州（今湖北房县）时，正妻韦氏一直随行陪伴他，与他共患难，为他排解悲愁情绪。当时中宗发誓，如能复位，一定封韦后为皇后，任她所为，不加禁制。

武则天死后，中宗复位，册立韦氏为皇后。但韦氏并不满足。她不但骄奢淫逸，而且在政治方面有相当大的野心。她常常模仿当年武则天的做派，幻想着有朝一日能当上女皇。

韦后的女儿安乐公主也经常幻想当上皇太女，将来好即位做女皇，于是韦后向她许诺，假如自己能当上女皇，就立安乐公主为皇太女。从此，韦后就和安乐公主沆瀣一气，开始铲除异己。她们把太子李重俊视为眼中钉、肉中刺，经常在中宗面前诋毁太子，千方百计要中宗废掉他。尤其是安乐公主，她认为中宗不立她为皇太女都是因为李重俊之故，所以更欲除之而后快。太子明白韦后和安乐公主最终不会放过自己，所以于公元707年发动御林军造反。韦后趁机怂恿中宗将李重俊抓住毒杀了。

不久之后的一天，韦后把安乐公主八岁的儿子抱在膝上，下诏将他拜为太常卿，食邑五百户。中宗见韦后擅自做主下旨，不把他放在眼中，心中气愤，便一句话不说，传旨起驾回宫。

过了几天，许州参军燕钦融上书历数韦后危害大唐社稷的罪状，请求中宗查办，结果被韦后的亲信官员宗楚客害死了。中宗得知此事后非常生气。宗楚客怕皇上会杀了自己，就把事情告诉了韦后。

韦后正因前次中宗负气回宫之事而耿耿于怀，另一方面也担心秘密泄露招致大祸，于是与安乐公主密谋，想害死中宗。韦后亲自制饼，把毒药放入馅中。中宗最爱吃饼，伸手取了便吃，一连吃了八九个。不料过了片刻，中宗腹中剧痛，坐立不安，倒在榻上乱滚。内侍急忙报告韦后，韦后徐徐入殿，一见中宗的惨状，假意吃惊询问。可中宗此时已说不出话了，只能用手指指口，又过了一会儿，中宗的身子便不能动弹，两眼一翻死去了。中宗驾崩后，韦后如愿以偿地临朝听政。

中宗吃了被韦后放了毒药的饼，没过多久便死去了。

□ 李隆基起兵讨韦氏

公元710年，唐中宗在神龙殿驾崩。韦后先封锁了消息，伪造了遗诏，立温王李重茂为太子，由皇后主持政务。几天后，韦后召集群臣，为中宗发丧，宣布自己临朝摄政。年仅十六岁的李重茂即位。韦氏掌权后，立即任用韦氏子弟统领南北衙军队。亲信宗楚客及韦氏族人都劝韦氏仿效武则天，自立为帝，并尽快除去相王李旦和太平公主。

相王李旦的儿子临淄王李隆基在京城秘密召集了一些有勇有谋的壮士，做好了推翻韦后、维护李氏王朝的准备。这时刚好兵部侍郎崔日用来求见李隆基。崔日用知道韦后和安乐公主准备谋害相王李旦和太平公主，害怕阴谋不成功，牵连自己，便悄悄到李隆基府中通报详细情况，劝李隆基先下手为强。李隆基立即与太平公主以及心腹钟绍京、刘幽求等文武官员筹划起兵方案。

羽林军中有一支精锐部队名叫万骑。韦播等韦氏党羽接管了羽林军之后，曾多次毒打万骑兵士来树立自己的威望，万骑人人对韦氏心怀怨恨。葛福顺、陈玄礼等万骑将领到李隆基处诉苦，李隆基便暗示他们要杀掉这些韦党。万骑兵士听了都很振奋，表示听从李隆基指挥。李隆基又化装进入皇宫内苑，与内苑总监商议妥当，准备里应外合，剪除韦后及其党羽。

行动之前，有人建议李隆基应该将计划告诉相王李旦，但李隆基怕计划失败连累他父亲，便守住了秘密。晚上，李隆基带兵在玄武门外等候。三更天时，他听到城内鼓噪声一片，便带了人马冲入内宫。内宫的羽林军听到喊杀声，也披上铠甲响应。韦后听到兵变的消息，急忙逃进飞骑营，却被飞骑营将士杀死。安乐公主身处别院，没听见外面的变故，还在对镜描眉。军士冲进去一刀将她斩了。韦氏宗族的人被李隆基下令满门抄斩。平日依仗韦后势力作威作福的人也被一并处死。不久，唐睿宗李旦重新即位，李隆基因为发动政变匡扶社稷有功，被立为皇太子。

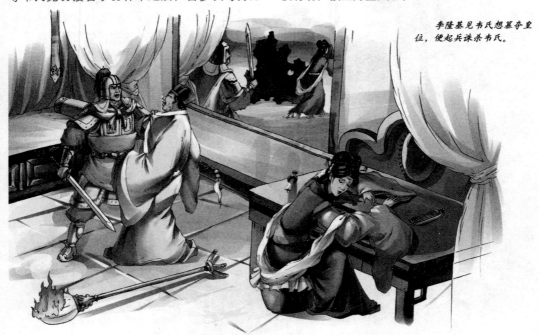

李隆基见韦氏想篡夺皇位，便起兵诛杀韦氏。

□ 太平公主权倾朝野

太平公主是武则天的女儿，在朝廷中声名显赫。宰相张柬之等人诛杀武则天男宠张易之、张昌宗兄弟的时候，太平公主功劳很大。而后她又和太子李隆基一起诛灭了韦氏，地位更加尊崇，唐睿宗李旦经常和她商议朝中大事。朝中群臣自宰相以下，升官和贬职都由太平公主一句话决定，由她举荐而担任要职的官员更是不计其数。她的权势甚至超过了睿宗皇帝，每天都有许多人到她的府邸拜访，门庭若市。

睿宗李旦也和中宗李显一样，是个软弱无能的皇帝，他不愿与太平公主发生冲突，总是忍让。随着势力的逐渐强大，太平公主的野心也膨胀了起来。但是她忌惮太子李隆基，经常在睿宗面前挑拨，让他废掉太子。睿宗生性淡泊，又喜好道术，

他汲取以往宫廷变乱的教训，听了太平公主的话之后，反而打算让出帝位，以避免灾祸。

公元712年，唐睿宗李旦颁发制命，决定将皇帝位传给太子李隆基，李隆基上表坚决推辞。而太平公主则劝说李旦，最好在禅让之后，还要亲自执掌朝政大事。同年11月，李隆基即皇帝位，是为唐玄宗，将唐睿宗尊奉为太上皇。凡涉及到三品以上官员的任命以及重大的刑狱政务仍由太上皇决定，其余政务均由李隆基决断。此后，太平公主倚仗太上皇的势力，继续专擅朝政，与玄宗的矛盾日益加剧。

朝中七位宰相之中，有五位出自太平公主门下，超过一半的文臣武将都依附于她。太平公主与同党们开始谋划要废掉玄宗。公元713年，唐玄宗李隆基果断地先下了手，他亲自率领兵马除掉了太平公主的党羽几十人，将倾向太平公主的官员全部罢官废黜。太平公主逃进山寺，过了三天才出来。唐玄宗下诏赐她在家中自尽，她的儿子也被处死。他还下令将太平公主的所有财产没收充公，在抄家时发现公主家中的财物堆积如山，珍宝器玩可以与皇家府库相媲美，厩中牧养的牛马和出租的田宅的利息，没收后几年内都使用不尽。

随后，太上皇睿宗颁布诰命，宣布从现在开始，军政国事、刑赏教化等事情都由皇帝决定，自己移居百福殿，不再过问政事。

太平公主为了让睿宗废掉太子李隆基，经常在睿宗面前进行挑拨。

□ 高力士进谗除毛仲

　　唐玄宗时宦官的势力日渐扩张，高力士就是唐玄宗身边一个极为受宠的宦官。在武则天当政时期，高力士就在宫中。他性格严谨仔细，办事干练，因而做了一个称为宫闱丞的中官。李隆基还是临淄王时，高力士就倾心与他结交。李隆基平定韦氏之乱，做了太子以后，高力士侍奉他更殷勤周到，很得李隆基信任。在李隆基夺取帝位的事件中，他又是有功之臣。本来按照唐朝的制度，宦官是不能被授予三品以上官衔的，但玄宗却破例提升高力士为三品的银青光禄大夫，所以高力士在朝廷中日益成为炙手可热的人物。平时，各地送来的奏疏都要先交给他，再由他转交给唐玄宗；有些小事，他自己就可以作决定。所以攀附他的人非常多，就连王公贵族都跟他称兄道弟。

　　当时有一个担任内外闲厩监牧都使的官员叫王毛仲，因为养马有功，所以也很受唐玄宗宠信。王毛仲非常看不起那些亲近皇上的宦官，而那些品级低的宦官，只要稍稍违背他的心意，他就像对待仆人一样地辱骂他们。高力士等人对王毛仲很是嫉恨，但又不敢得罪他。

　　王毛仲依仗唐玄宗的宠信，日益骄慢，得意忘形，以至于结党营私，横行不法，后来竟然要求玄宗任命他为兵部尚书。玄宗没有答应，他就心怀不满，口出怨言。玄宗知道后，便不像以前那样宠信他了。后来王毛仲的妻子生了孩子，玄宗让所有官员，包括宰相都去王毛仲家道贺，又派高力士向王毛仲赠送金帛，并赐给新生的婴儿五品官的官衔。高力士回来后，唐玄宗问："王毛仲高兴吗？"高力士答道："王毛仲抱着他襁褓中的儿子说：'我这儿子怎么做不了三品官呢！'"唐玄宗勃然大怒说："以前铲除韦氏时，此贼就怀有二心，朕没有追究；今天竟敢用刚出世的儿子来埋怨我！"高力士见玄宗不高兴，就又乘机说："宫中北门的奴才都是王毛仲的人，不把他抓起来，将来一定会有祸患。"恰恰在这个时候，玄宗又听说王毛仲派人去太原索取铠甲兵器，于是怀疑王毛仲要造反作乱，就把他贬为襄州别驾，后来又下诏在他离京赴任的途中把他杀死。王毛仲的四个儿子被夺走了官职和封地，因此受到牵连的有数十人。

　　从此，宦官的势力越来越大。高力士尤其被唐玄宗所宠信，唐玄宗甚至曾说："只有高力士值班，我睡觉才安心。"

高力士故意找借口，在唐玄宗面前陷害王毛仲。

□ 李白不畏权贵

李白字太白，是唐朝最著名的大诗人之一。他才华横溢，但生性高傲，对当时官场上的腐朽风气很不满，希望得到朝廷任用，以施展抱负。后来唐玄宗召见了李白，觉得他确实很有才华，就把他留在身边作诗写词。

一天，唐玄宗与他宠爱的杨贵妃在御花园的亭子中赏花，突然心血来潮，命人去把李白找来现场作诗。

太监们好不容易在酒肆里找到李白。李白喝醉了酒，躺在那里睡着了。太监们来不及跟他细说，七手八脚把他拉进轿子抬到宫里，然后，太监们在他面前的几案上放好笔砚绢帛。

李白见身边站着宦官头子高力士，就伸长了腿，朝着他说："请您帮我把靴子脱下来！"

高力士一听非常生气，但是唐玄宗在旁边，只好忍住气，跪下来给李白脱靴子。他抓住靴子向后用力拉，岂知李白暗中使坏，高力士憋足劲也拽不下来。

李白暗暗一笑，将脚向前一伸，高力士不防备，仰面朝天摔了一个大跟头，手中的那只靴子正好倒扣在他脸上。靴中的尘土和着一股难闻的气味扑面而来，呛得高力士直想呕吐。

唐玄宗和杨贵妃看着高力士滑稽的样子，忍不住笑作一团。高力士这一跤摔得不轻，哼哼了半天才爬起来，心里对李白恨之入骨。

李白提起笔，微一沉吟，挥笔写下了著名的《清平调》三首。这三首诗描绘了唐玄宗和杨贵妃在御花园里赏花的情景，也赞美了杨贵妃的美貌。唐玄宗和杨贵妃看了都称赞不已。

《清平调》中有两句"借问汉宫谁得似，可怜飞燕倚新妆"。高力士乘机拿这两句做文章，说李白把杨贵妃比作汉朝一个行为放荡的皇后赵飞燕，是有心讽刺她。

唐玄宗听信谗言，逐渐疏远了李白。李白也体会到了官场的黑暗，不久就离开长安，云游四方去了。

李白蔑视权贵，曾借醉酒让权宦高力士为自己脱靴。

□ 鉴真东渡

鉴真是唐代有名的高僧，俗家复姓淳于，扬州人。他出生在一个信仰佛教的商人家庭，十四岁出家，对佛教律宗深有研究。

鉴真曾在扬州大明寺讲律传戒，听他讲经和由他授戒的弟子达到四万多人。那时，他已经是学识渊博、威望很高的佛学大师了。

当时的中国既是世界文化中心，也是佛学中心之一。日本国经常派"遣唐使"到中国学习文化。天宝元年（公元742年），日本兴福寺的荣睿和大安寺的普照两位僧人来到扬州，邀请鉴真东渡，弘扬佛法，宣传文化。当时去日本的海路十分艰险，但鉴真却毫不犹豫地说："为了佛法，何惜身命。"

由于天气等各方面原因，鉴真的前五次东渡都以失败告终。有一次，船只出海后遇到飓风被击破，鉴真等人冒着严寒，修好船只，继续前行。但是中途又触到暗礁，船只沉没了。所幸船上人员大多幸免于难。鉴真等人登上一座荒凉的小岛，在饥渴中等了三天三夜，

才等来一批海上渔民将他们救回。虽然经过这么多次失败，但鉴真并没有气馁。后来日本留学生阿倍仲麻吕来到中国，再次热情地邀请鉴真东渡日本讲经。天宝十二年（公元753年），鉴真终于在历尽无数艰难险阻之后到达日本九州。当时鉴真已年近七旬，而且双目失明。

鉴真踏上日本国土后，立即受到各界欢迎。日本还专门为他在奈良修建了一座唐招提寺，请鉴真做住持。鉴真这次去日本，带去并宣讲了天台经书，奠定了日本天台宗的基础。天台宗在日本平安时期迅速发展，对日本平安时代的文化起了很大作用。鉴真虽双目失明，但能凭记忆校对佛经。他还精通医学，能够凭嗅觉辨认草药，为人治病，并留下一卷名为《鉴上人秘示》的医书，为日本医药学的发展做出了贡献。他带到日本的中国佛经印刷品和书法碑帖对日本的印刷术、书法艺术都有很大影响。公元763年，鉴真在日本招提寺内圆寂，寺内至今还保留着鉴真的坐像。

鉴真克服了重重艰难险阻，一次次尝试东渡，终于在第六次东渡时成功抵达日本。

口蜜腹剑的李林甫

唐玄宗做了二十多年太平天子，渐渐滋长了骄傲怠惰的情绪，就追求起享乐的生活来。宰相张九龄看到这种情况，心里挺着急，常常给唐玄宗提意见。唐玄宗本来很尊重张九龄，但是到了后来，对张九龄的意见也听不进去了。

有一个大臣叫李林甫，不学无术，专学了一套奉承拍马的本领。他和宫内的宦官、妃子勾结，探听宫内的动静。唐玄宗在宫里说些什么，想些什么，他都先摸了底。等到唐玄宗找他商量什么事，他就对答如流。唐玄宗觉得李林甫又能干，又听话，比张九龄强多了，便让他当了宰相。

李林甫当上宰相后，凡是大臣中能力比他强的，他就千方百计地把他们排挤掉。他要排挤一个人，表面上笑脸相待，背地里却暗箭伤人。

有一次，唐玄宗在勤政楼上隔着帘子眺望，兵部侍郎卢绚骑马经过楼下。唐玄宗看到卢绚风度很好，随口赞赏几句。第二天，李林甫就把卢绚降职为华州刺史。

有一个叫严挺之的官员被李林甫排挤在外地当刺史。后来，唐玄宗想起他，跟李林甫说："严挺之还在吗？这个人很有才能，还可以用呢。"李林甫说："陛下既然想念他，我去打听一下。"退了朝，李林甫找来严挺之的弟弟，说："你哥哥不是很想回京城吗，我有一个办法。"严挺之的弟弟见李林甫这么关心他哥哥，当然很感激，忙请教该怎么办。李林甫说："叫你哥哥上一道奏章，就说他得了病，请求回京看病。"

严挺之接到弟弟的信，真的上了一道奏章，请求回京城看病。李林甫就拿着奏章去见唐玄宗，说："真太可惜，严挺之现在得了重病，不能干大事了。"唐玄宗惋惜地叹了口气，也就算了。

像严挺之这样上当受骗的还真不少。但是，尽管李林甫装扮得非常巧妙，他的阴谋诡计到底被人们识破了。人们就说李林甫这个人是"嘴上像蜜甜，肚里藏着剑"。

李林甫当了十九年宰相，一个个有才能的正直大臣全都遭到排斥，一批批善于钻营拍马的小人都受到重用提拔，唐朝的政治从兴旺转向衰败。

李林甫口蜜腹剑，排挤陷害了不少有才能的大臣。

□ 安禄山拜母

安禄山是唐朝时突厥人的后裔，他年轻时在平卢军里当过将官，曾因打了败仗被判死刑。唐玄宗听说安禄山挺能干，就下令释放他。宰相张九龄劝唐玄宗说："安禄山违反军令，损兵折将，按军法不能不杀；而且据我观察，安禄山不是个善良的人，不杀恐怕后患无穷。"但唐玄宗不听张九龄劝谏，还是赦免了安禄山。从这以后，安禄山一步一步地升官，几年后就当上了平卢兵马使。

安禄山很会逢迎拍马，对朝廷派下来巡视的大臣都大献殷勤，并用很多金银珠宝拉拢贿赂他们。那些大臣回朝之后，都在唐玄宗面前夸赞安禄山。唐玄宗也就开始相信和赏识安禄山了。

一次，唐玄宗召见安禄山，当时玄宗宠爱的杨贵妃及杨贵妃的姐姐韩国夫人、虢国夫人、秦国夫人也都在场。安禄山长得特别肥胖，凸肚子，矮个子。他装出一副傻乎乎的样子，唐玄宗指着他的肚子开玩笑说："这么大的肚子，里面装的什么东西？"安禄山不假思索地回答："没有别的，只有一颗赤诚的心。"唐玄宗认为安禄山真对他一片忠心，心里更高兴了，又对他大加封赏。安禄山知道唐玄宗宠爱杨贵妃，就乘机要求拜杨贵妃做干娘。杨贵妃有点不好意思，自己还不足三十岁，而安禄山已经四十多岁了，怎么好以母子相称呢。但玄宗觉得很新鲜，大笑着说："好，朕就成全你的心愿，就拜贵妃为娘。"杨家姐妹也觉得安禄山憨态可掬，滑稽有趣，便在一旁喝彩助

兴。杨贵妃见是玄宗的主张，又是作长辈，也就应允了。安禄山受宠若惊，跪在贵妃面前，说："儿臣安禄山祝母妃福体万寿！"拜了三拜。玄宗与贵妃坐在一起，笑着说："禄山，你礼数行差了。拜母亲之前，应该先拜父亲。"安禄山叩头奏道："儿臣本是胡人，按照胡人的风俗，是先拜母后拜父。"

一番话说得玄宗十分高兴，于是认安禄山作了干儿子，并当即加封他为范阳节度使。后来，唐玄宗又让安禄山相继兼任平卢、河东两地的节度使。从此安禄山权倾朝野，欲望渐渐膨胀，为后来的安史之乱埋下了祸根。

安禄山极尽逢迎拍马之能事，
拜比自己小十几岁的杨贵妃为母。

□ 安禄山起兵叛乱

安禄山狡黠奸诈，很会溜须拍马，成功骗取了唐玄宗的信任，控制了北方边境的大部分地区。他秘密扩充兵力，提拔了史思明、蔡希德等一批猛将，任用汉族士人高尚、严庄帮他出谋划策；又从边境各族的降兵中挑选了八千名壮士，组成一支精兵，同时秘密囤积粮草，准备叛乱。

没多久，宰相李林甫病死，杨贵妃的同族哥哥杨国忠接任宰相。杨国忠和安禄山有嫌隙，便几次三番在唐玄宗面前说安禄山一定会谋反。唐玄宗却不相信，反而说，再有说安禄山谋反的人，就把他们捆绑起来送给安禄山。因此，虽然人们都知道安禄山要谋反，但没人敢说出来。

公元755年，安禄山经过周密准备，决定发动叛乱。这时候，正好有个官员从长安到范阳来。安禄山便趁机伪造了一份唐玄宗从长安发来的诏书，召集将士宣布说："接到皇上密令，要我立即带兵进京讨伐杨国忠。"第二天一早，安禄山就带领叛军南下，十五万大军在河北平原上进发，一路上烟尘滚滚，声势浩大。

中原一带已经有一百年左右没有发生战争，老百姓好几代都没有看到过打仗了。沿路的唐朝官员见叛军杀来，逃的逃，投的投。由于毫无准备，大唐军队从兵器库中取出的盔甲刀枪已经全部腐烂锈蚀，根本不能使用。至于仓促组织起来的平叛部队，许多只能手持木棍开赴前线。安禄山的叛军一直向南进攻，几乎没有遭到什么有效抵抗。

范阳叛乱的消息传到长安，唐玄宗立刻召集大臣商议。满朝官员都没有经历过这样的变乱，个个吓得目瞪口呆，毫无对策。没多久，叛军就长驱直入，渡过黄河，占领了洛阳。公元756年，安禄山在洛阳称帝。同年六月，叛军攻进长安，唐玄宗带着皇子皇孙们仓皇出逃。从此，唐朝的半壁江山陷于长期战乱之中。公元757年农历正月，安禄山为其子安庆绪所杀。

安禄山经过周密准备，借口讨伐杨国忠，大举领兵南下，发动叛乱。

□ 杨贵妃魂断马嵬驿

安史之乱爆发以后，唐玄宗带着杨贵妃和皇子皇孙们，连同禁军将士一千多人仓皇出逃。几天之后，一行人来到马嵬驿（今陕西兴平县西）。

一路上，将士们个个怨气冲天。他们认为这些祸事都是由奸臣杨国忠引起的，就想要除掉他。当天晚上，一些士兵看见几个吐蕃使者围着杨国忠要吃的，就相互使了个眼色，一起大喊："杨国忠勾结胡人，要造反啦！"杨国忠听了，吓得拔腿就跑，刚逃到马嵬驿西门内，就被兵士们追上来杀死了。兵士们把他的头颅砍下来，挂在西门外示众。杀了杨国忠后，兵士们又把唐玄宗住的驿馆围了起来。

唐玄宗得知兵士们已把杨国忠杀了的消息后，大吃一惊，拄着拐杖，走出驿门，劝慰兵士，要他们回营休息，但兵士们根本不答应。

护驾将军陈玄礼对唐玄宗说："杨国忠谋反，已经被大家杀掉了，他的妹妹杨贵妃也不应该再伺候陛下，希望陛下能把杨贵妃处死。"唐玄宗一听吓呆了，他怎么舍得杀死自己最宠爱的妃子呢？这时，又有大臣上前说道："现在兵士们的情绪都很激动，形势十分危急，希望陛下赶快做出决断！"说着就跪下不断地叩头，直到血流满面。

玄宗低着头站了半晌，才说："贵妃住在内宫，怎么知道杨国忠谋反呢？"高力士知道不杀杨贵妃，不能平息兵士的愤怒，就说："贵妃是没有罪，但是将士们杀了杨国忠，如果留着贵妃，将士们哪会心安？希望陛下慎重考虑，将士们心安，陛下也就安全了。"唐玄宗想想自己贵为天子，却落得如此境地，不由得老泪纵横，只得忍痛命令高力士把杨贵妃带到佛堂处死。将士们这才平息下来，继续护驾。

这场兵变后，唐玄宗急急忙忙逃到成都去了。太子李亨则一路收拾残余的队伍北上，在灵武（今宁夏灵武西南）即位，是为唐肃宗。

面对众将士的跪求，唐玄宗没有办法，只好忍痛下令处死杨贵妃。

□ 李光弼大败史思明

公元757年，安禄山的儿子安庆绪杀了安禄山，自己称帝。于是，唐肃宗决定派大军进剿安庆绪。闻知消息，安禄山的部将史思明立刻从范阳带兵来支援安庆绪。

由于用人不善，唐军的第一次征讨以失败告终，于是唐肃宗换李光弼担任朔方节度使。公元759年十月，李光弼带兵到达洛阳，他见史思明攻势很猛，就把大军转移到河阳（今河南孟县），这样，进可以攻，退可以守。而此时，叛军却发生了内讧。公元759年，史思明在邺城杀了安庆绪，自立为大燕皇帝，并率兵向河阳方面进攻。叛军在河阳南面筑好阵地，和李光弼的唐军展开对峙。

李光弼首先设计偷走了史思明的上千匹战马，史思明大怒之下立刻命令集中几百条战船，从水路进攻。前面用一条火船开路，准备把唐军的浮桥烧掉。李光弼探听到这个消息后，准备好几百支粗大的长竹竿，用铁甲裹扎竿头。等叛军火船驶来，几百名兵士便站在浮桥上，用竹竿顶住火船。火船没法前进，都被烧沉了。此后史思明几次三番进攻河阳，都被李光弼用计所打退。

最后，史思明集中强大兵力，亲自率领一支精兵攻打南城。李光弼十分镇定，他把将士们都集中起来，严肃地宣布军令："将士们以旗为令。缓慢挥旗，可以各自行动；急速挥旗，就是总攻的信号。看到这个信号，必须奋勇向前，不准临阵退却。"将士们被李光弼的勇气感染，士气大振。李光弼见唐军士气旺盛，就急速挥动旗帜，下令总攻。各路将士看到城头旗号，争先恐后地冲进敌阵，喊杀声震天动地。叛军受到猛烈攻击，再也抵挡不住，纷纷溃退。史思明不敢再战，连忙下令撤退，逃回洛阳。

李光弼在河阳力阻叛军，不但消灭了敌军大量有生力量，而且稳住了战局，为唐军战略反攻做好了准备。

李光弼的兵士们用裹了铁甲的长竿顶住叛军的火船，使火船沉没。

□ 杜甫写"诗史"

杜甫，字子美，是唐代著名的大诗人。在文学史上，人们把他和李白并称为"李杜"。杜甫出生在一个没落的官僚家庭。他从小就刻苦读书，长大后又游历了许多名山大川，写下了许多优秀的诗歌。

后来，杜甫到长安参加进士考试。但由于李林甫勾结考官，欺骗玄宗说这次应考的人考得很糟，没有一个够格的，所以杜甫没能顺利步入仕途。杜甫在长安过着贫穷愁苦的生活，亲眼看到权贵的豪华奢侈和穷人受冻挨饿的凄惨情景，按捺不住心里的愤慨，就用诗歌控诉这种不公平的现象。

杜甫在长安待了十年，刚刚得到一个官职，就爆发了安史之乱。长安一带的百姓纷纷逃难，杜甫也弃官回乡了。后来唐肃宗即位，杜甫就投奔了唐肃宗。唐肃宗任命他当了左拾遗。

第二年，唐肃宗把杜甫派到华州（今陕西华县）任司马参军。那时，唐军为平息叛乱，还在到处拉壮丁补充兵力。有一天，杜甫经过石壕村，到一家穷苦人家借宿，接待他的是一对老夫妻。半夜里，忽然响起急促的敲门声，老丈慌忙翻过后墙逃走了。进屋的是官府派来抓壮丁的差役，他们厉声问老婆婆："你家男人都到哪里去了？"老婆婆说："我的三个孩子都打仗去了，两个已经死在了战场上，家里只有儿媳和吃奶的孙儿。"差役还是不肯罢休，最后把老婆婆带到军营里去给兵士做苦役。杜甫看到这件事后，心里很不平静，就把它写成诗歌，起名《石壕吏》。他前后一共写过六首这样的诗，合起来叫做"三吏三别"（即《石壕吏》《潼关吏》《新安吏》《新婚别》《垂老别》《无家别》）。

由于杜甫的诗歌大多表现了动乱时期人民的苦难生活，反映了唐王朝从鼎盛到衰落的过程，所以，人们把他的诗篇称作"诗史"。

杜甫诗作《新婚别》中的场景。

□ 朋党之争

"安史之乱"最终得以被平定，但唐朝也由此走向了衰弱。晚唐时期，朝政把持在了宦官手里，朝廷官员中反对宦官的大多遭到排挤打击。一些依附宦官的朝官为了争权夺利而结成不同的派别，即所谓"朋党"。不同派别的官员互相倾轧，争斗不休，一直闹了四十多年，历史上把这场争斗叫做"朋党之争"。

朋党之争开始于唐宪宗在位之时。公元808年，长安举行考试，选拔能够直言敢谏的人。在参加考试的人中，有两个下级官员，一个叫李宗闵，另一个叫牛僧孺。这两个人在考卷里批评了朝政，考官看了卷子后，认为这两个人都符合选拔的条件，就把他们推荐给了唐宪宗。宰相李吉甫本来就看不起科举出身的官员，现在出身低微的李宗闵、牛僧孺居然对朝政大加指责，更是揭了他的短处，令他十分生气。于是他在唐宪宗面前说，这两个人被推荐，完全是因为跟考官有私人交情。唐宪宗就把几个考官降了职，李宗闵和牛僧孺也没有得到提拔。

公元814年李吉甫死后，他的儿子李德裕做了翰林学士。从此，李德裕就跟士族出身的官员结成一派，李宗闵、牛僧孺

唐宪宗在位期间，朋党之争开始了，并且愈演愈烈。

也跟科举出身的官员结成一派，两派开始了明争暗斗。公元827年唐文宗在位之时，李宗闵利用宦官们的门路，当上了宰相。李宗闵向唐文宗推荐牛僧孺，牛僧孺被提为宰相。这两人一掌权，就合力对李德裕进行打击，把李德裕派往西川做节度使。

当时，吐蕃屡次犯唐，侵占了大唐许多土地。公元831年农历九月，西川附近有个吐蕃将领投降，李德裕趁机收复了重镇维州（今四川理县）。这本来是李德裕立了一功，但是宰相牛僧孺却对唐文宗说："收复一个维州算不了什么，跟吐蕃搞坏了关系，可就得不偿失了。"于是，唐文宗下令李德裕把维州让还吐蕃。后来，有人告诉唐文宗，退出维州城是失策，并且说这件事是牛僧孺排挤李德裕的手段。唐文宗非常懊悔，对牛僧孺也疏远了。

唐文宗本人因为受到宦官控制，没有自己的主见，所以一会儿用李德裕，一会儿用牛僧孺。这一派势力掌了权，另一派就没好日子过。两派势力就像走马灯似的轮流转换，把朝政搞得十分混乱。直至公元846年唐宣宗即位后对前朝的大臣一概排斥，四十多年的朋党之争才最终得以收场。

□ 黄巢起义

唐朝末年，皇室、官僚和地主加紧对农民的剥削，税收越来越重，加上连年不断的天灾，农民纷纷破产，到处逃亡。有的人不堪忍受苦难，只有走上反抗这条路。

公元874年，濮州（今山东鄄城北）盐贩首领王仙芝聚集了几千农民，在长垣（今河南新乡东）起义。公元875年，冤句（今山东曹县北）的盐贩黄巢也起兵响应。

黄巢和王仙芝两支起义队伍会合之后，转战山东、河南一带，接连攻下许多州县。他们所到之处皆开仓放粮，因而深受百姓拥护，声势越来越大。

公元878年，王仙芝在与唐军交战中被杀，起义军推举黄巢做了首领。黄巢为人正直、胸怀大志，而且颇有指挥作战的军事才能。他采取灵活多样的战略战术，顺利地渡过淮河，跨过长江，一路上连战连胜，所向披靡。公元880年，黄巢离开洛阳，率六十万大军浩浩荡荡开往潼关。潼关守将吓得两腿颤抖，慌忙率军弃城而逃。消息传到长安，唐僖宗等人急忙逃离长安，来不及逃跑的大臣都出城投降。

同年十二月，黄巢乘坐一匹高头大马，在将士们的簇拥下和一片欢呼声中进入长安城。十天后，黄巢在长安大明宫登上皇帝宝座，定国号"大齐"。但是，黄巢只在长安享受了四个月的安稳日子，唐朝节度使郑畋、程宗楚便纠集十万人马对其形成包围之势。黄巢无奈撤出长安。

公元884年，黄巢率军攻打陈州（今河南淮阳），久攻不下，人马却损失大半，陷入绝境。这时，唐王朝又调动大军围攻，黄巢见无法突出重围，拔剑自刎而死。

黄巢起义历时十年，从根本上动摇了唐朝的腐朽统治。没过多久，唐朝就灭亡了。

黄巢的六十万大军开进了潼关，那些来不及逃走的唐朝官员只好出城投降。

第二章

Part 2

宋、辽、夏、金对峙

　　唐朝灭亡后，中国再一次进入大割据时代，在北方先后出现了五个王朝；与此同时，南方则分别产生了十个割据政权，史称五代十国。公元960年，宋太祖赵匡胤消灭了中原地区五代以来的割据局面，建立起中央集权的封建王朝——宋朝。宋朝时，中国的社会经济和文化发展又登上了新的高峰。与此同时，北方各民族纷纷崛起，建立了政权。然而由于宋朝对北方的少数民族政权采取压制的政策，由此形成与辽、西夏、金对抗的局面，纷争的战事不断。

□ 朱温建后梁

朱温是宋州砀山（今属安徽）人，参加唐末黄巢领导的农民起义军，官至同州防御使。公元882年，朱温降唐。唐僖宗非常高兴，任命他为金吾卫大将军、河中行营副招讨使，赐名全忠。朱全忠加入镇压黄巢农民起义军的行列，不久因作战有功，被封为汴州（今河南开封）刺史、宣武节度使。以后十余年间，朱全忠凭借汴州优越的地理条件，逐步吞并割据中原和河北地区的藩镇，在朝中大肆扩张势力。到唐哀宗时，朝廷已完全被朱全忠把持。

朱全忠野心勃勃，欲夺权称帝。眼看时机成熟，朱全忠便命令枢密使杨玄辉和宰相柳璨负责准备登基事宜。两人想让朱全忠按传统习惯一步一步地接受禅位，以求合理合法，名正言顺。于是，他们先让哀帝授予朱全忠"天下兵马元帅"的称号，下一步准备再封他为魏王，然后再接受禅让称帝。但是急于当皇帝的朱全忠已经迫不及待，他连连辞掉所加的封

公元907年，朱温正式登上帝位，建立了梁朝，接受群臣朝拜。

·五代十国·

自公元907年朱温篡唐后，中原大地出现了梁、唐、晋、汉、周五个前后衔接的政权，史称"五代"。"五代"之外另有前蜀、吴、吴越、闽、楚、南汉、南平（荆南）、后蜀、南唐、北汉十个主要政权，史称"十国"。至公元979年，五代十国方宣告结束。

爵，还把杨、柳两人痛骂了一顿。不久，杨玄辉就被朱全忠杖杀，柳璨也被贬遭斩。

公元907年农历正月，朱全忠在平定魏博镇（今河北大名北）兵变后，回到汴州。御史大夫薛颐代表唐哀帝前来慰问，并向朱全忠行臣下的礼节。朱全忠假意推让一番后，欣然受礼。于是薛颐一回洛阳，就对哀帝和全体大臣道出朱全忠的心愿。大臣们恍然大悟，立即进行禅让帝位的准备。

同年三月，哀帝正式退位。四月，朱全忠改名朱晃，正式登上帝位，建立了梁朝，建都东京汴梁（今河南开封）。至此，统治中国二百八十九年的大唐王朝灭亡了，中国进入了四分五裂的动荡年代。

□ "海龙王" 钱镠

朱温即位不久，镇海（治所在今浙江杭州）节度使钱镠首先派人到汴京祝贺，表示愿意称臣。朱温十分高兴，马上封他做吴越王。

钱镠原来出身贫穷，年轻时候做过盐贩，后来到浙西镇将董昌手下当部将。黄巢起义军攻打浙东的时候，钱镠用小股兵力保住了临安（今浙江杭州）。唐王朝认为他平叛有功，封他为都指挥使，后来又提拔为节度使。

当时，吴越是个小国，北方的吴国比吴越强大，吴越国常常受他们的威胁。钱镠长期生活在混乱动荡的环境里，养成了一种时刻保持警惕的习惯。他夜里睡觉，为了不让自己睡得太熟，用一段滚圆的木头做枕头，叫做"警枕"，倦了就斜靠着它休息；如果睡熟了，头从枕上滑下，人也就惊醒过来了。他又在卧室里放了一个盛着粉的盘子，夜里想起什么事，就立刻起来在粉盘上记下来，免得白天忘记。

钱镠不但自己保持警惕，对他的将士要求也很严。一天夜里，钱镠身穿便服，从北门进城。这时城门已经关闭，钱镠在城外高喊："我是大王派出去办事的，现在急着要回城。"看门的小吏说："夜深了，别说是大王派的人，就是大王亲自来，也不能开。"钱镠在城外绕了半个圈子，第二天才进城。他随即把管北门的小吏找来，称赞他办事认真，并且给了他一笔赏金。

钱镠就是靠他的谨慎小心，一直保持他在吴越的统治地位。吴越国虽然小，但是因为长期没有遭到战争的破坏，经济渐渐繁荣起来。在混战割据的局势下，吴越富庶甲于东南。特别是钱镠修筑捍海石塘治理太湖，开凿灌溉渠道，疏浚西湖，整理鉴湖，建设苏州、杭州城，开拓了"上有天堂、下有苏杭"的美景，奠定了浙江粮仓——杭嘉湖平原的坚实基础。

钱镠还征发民工修筑钱塘江的石堤和沿江的水闸，防止海水往里灌；又叫人凿平江里的大礁石，方便船只来往。因为他在兴修水利方面做了不少贡献，所以民间给他起了个外号，叫"海龙王"。

钱镠为了不让自己夜间睡得太熟，特意找来一段滚圆的木头做枕头。

□ 耶律阿保机称帝

契丹是兴起于我国东北辽河上游一带的一个古老的游牧民族，属鲜卑族的一支。从北魏至唐以来，契丹分为八个部落，各部落酋长由选举产生。唐初时，契丹形成部落联盟，由各部落酋长互推一位首领称为"可汗"，负责处理部落的大事。

公元901年，出身迭剌部贵族家庭的耶律阿保机被选为迭剌部酋长。公元907年，阿保机又被推举为可汗，成为契丹八部的首领。按照契丹传统制度，可汗之位要三年改选一次。耶律阿保机不愿意再遵从旧的制度，所以从就任可汗之日起，就准备在契丹建立帝制。耶律阿保机对内加强权力控制，建立了自己的侍卫亲军；对外进行扩张，先后征服了吐谷浑、室韦、乌古等部落，进一步增强了本部落的实力。

在任可汗满三年时，耶律阿保机不肯交出大权，这就引起了其他贵族的不满，其中耶律阿保机本家族的兄弟们首先起来反对他。他们一共策划了三次反叛，但均以失败告终，其千名骑兵也被阿保机收编。至此，阿保机基本消灭了本家族的反对势力。但契丹其他七个部落也以恢复旧的可汗选举制度为旗号，逼迫阿保机交出可汗之位。阿保机以退为进，答应让位，并设筵招待各部落首领，趁机布下伏兵，等大家在筵席上喝得烂醉时，将各部落的首领全部杀死。

公元916年，阿保机登基即位，国号"契丹"，后来改称"辽"，他就是辽太祖。辽太祖是契丹王朝的缔造者，也是契丹族历史上完成由部落联盟向国家过渡的英雄人物。在建立契丹王朝前后，阿保机受到汉族文化的影响。所以他任用汉族知识分子韩延徽、康默记等人，学习汉族文化，改革风俗，制定法度，建立城郭。公元920年，阿保机命大臣参照汉字偏旁创制契丹大字，仿效回纥文字制成契丹小字。这些措施推动了契丹社会向封建化的发展。

耶律阿保机任满三年可汗后不肯交权，便设计摆下筵席，除掉了反对他的部落首领。

□ 李存勖建后唐

李存勖是唐末河东节度使李克用（被唐皇封为晋王）的长子，自幼喜欢骑马射箭，胆识过人，为李克用所宠爱。李克用少年时随父作战，十一岁时就与父亲到长安向唐廷报功，得到了唐昭宗的赏赐和夸奖。

梁、晋两大割据势力自唐末便结下了怨仇。朱全忠和晋王李克用屡次发生战争，但谁也无法消灭对方。公元908年，李克用病死，李存勖袭晋王位。李克用临死时，交给李存勖三支箭，嘱咐他要完成三件大事：一是讨伐燕王刘守光，攻克幽州（今北京一带）；二是征讨契丹，解除北方边境的威胁；第三就是要消灭宿敌朱全忠。

公元911年，后燕国主刘守光进攻容城（今河北容城北），结果被晋军反攻至幽州城下。刘守光只得向朱全忠求救。朱全忠闻讯，随即带领几十万梁军北上救燕。梁军浩浩荡荡杀奔而来，而赵州的晋军只有少数人马。李存勖知道不能力敌，只能智取，便使巧计让朱全忠以为晋的大军已经到来，吓跑了朱全忠的几十万人马。接着，他攻破燕地，将刘守光活捉回太原。九年后，他又大破契丹兵，将耶律阿保机赶回北方。经过十多年的交战，李存勖基本上完成了父亲的遗命。

公元923年，李存勖趁后梁朝廷内部为争夺皇位而兵戎相见之机，在魏州（今河北大名北）称帝，即庄宗，改国号为唐，史称后唐。庄宗本想大举伐梁，一举灭之，不料遇到了梁军的顽强抵抗。接着，后梁令段凝为北面召讨史，将精兵全部发出，大举进攻后唐。

形势严峻，但庄宗认为，后梁国都无兵，此时出兵讨伐后梁胜算较大。果然，后梁国都当时只有禁军数千人。庄宗于公元923年农历十月直取汴梁。梁末帝知道大势已去，就让近臣把他的头砍下，后梁就此灭亡。

晋王李存勖大破燕军，最后活捉了燕王。

□ "儿皇帝"石敬瑭

后唐明宗在位的时候，他手下有两员大将，一个是他的养子李从珂，一个是他的女婿、河东节度使石敬瑭。两个人都骁勇善战，但又互不服气。明宗死后，李从珂做了后唐皇帝，就是末帝。这时，后唐末帝已经和石敬瑭闹到了公开决裂的地步。

公元936年，为试探末帝，早有预谋的石敬瑭以身体羸弱为由，请求解除兵权，调往他镇。这正合末帝之意，末帝便准了石敬瑭的请求，调他为天平节度使。石敬瑭于是决意谋反。他上表指责末帝是明宗养子，不应继承皇位，而应该让位于明宗四子许王。末帝大怒，下诏剥夺石敬瑭的官职和爵位，任命张敬达为太原四面兵马都部署，任命义武节度使杨光远为副部署，前去晋阳讨伐石敬瑭。石敬瑭连忙向契丹求救。那时候，耶律阿保机已经去世，他的儿子耶律德光接替了契丹国主的位子。石敬瑭表示愿意对契丹称臣，并请以父礼事耶律德光，还答应事成之后，

割让幽云十六州（在今河北、山西两省北部）给契丹。耶律德光本来就想向南扩张，听到石敬瑭提出这样优厚的条件，真是喜出望外，立刻派出五万精锐骑兵去救晋阳。石敬瑭从晋阳城出兵夹击，把唐军打得大败。石敬瑭亲自出城迎接辽军，卑躬屈膝地把比他小十岁的耶律德光称作父亲。

耶律德光经过一番观察，觉得石敬瑭的确是死心塌地投靠他，就对石敬瑭说："我就封你做皇帝吧！"石敬瑭高兴万分，但还假意推辞了一番。这时将吏又纷纷劝说，石敬瑭这才同意。耶律德光把自己的衣帽脱下来，亲手替石敬瑭穿戴上，立他为"大晋皇帝"。石敬瑭就穿戴了一身契丹衣帽，不伦不类地登基做了后晋皇帝，他就是后晋高祖。

石敬瑭称帝后，把契丹国主称做"父皇帝"，自己称"儿皇帝"，并按照原来答应的条件，把幽云十六州送给了契丹。他在位时一直唯唯诺诺，不敢得罪契丹，没过几年便抑郁而终。

打败唐军后，石敬瑭亲自出城迎接辽军，并认辽主耶律德光为父。

□ 一代英主周世宗

公元947年，辽兵南下，灭掉后晋。原后晋大将刘知远待辽军北退后，趁机在太原称帝，建立后汉。公元950年，后汉大将郭威推翻了后汉统治，于次年在汴京（今河南开封）即位，国号周，史称后周，郭威就是后周太祖。

周太祖的柴皇后有个侄儿，名叫柴荣，从小聪明能干，练就一身好武艺。因周太祖的儿子死了，他就把柴荣收做了养子。后来，周太祖死去，柴荣继承皇位，是为周世宗。

周世宗刚即位的时候，北汉国主刘崇认为周朝局势不稳，进占中原的时机到来，就集中三万人马，又请求辽主派出一万骑兵，向潞州（今山西长治）进攻。消息传到汴京，周世宗立刻召集群臣商量。他提出要亲自带兵抵抗，群臣纷纷反对，其中包括太师冯道。

冯道从后唐明宗时起，就当上了宰相，以后一连换了四个朝代，一直保持着宰相、太师等重要职位。冯道看周世宗年轻，就以老臣的身份劝阻周世宗亲征。周世宗对冯道说："过去唐太宗平定天下，都是自己带兵。我怎么能苟且偷安呢？"冯道冷冷地笑了一声说："陛下能够比得上唐太宗吗？"周世宗见冯道瞧不起他，激动地说："我们有强大的兵力，要消灭刘崇，还不是像大山压鸡蛋一样容易？"冯道说："不知道陛下能否像一座山呢？"周世宗听了十分气愤，一甩袖子，起身离开朝堂。后来，周世宗率军大败北汉军队，向冯道证明了自己的能力。

周世宗即位后，在经济、政治及军事等各方面进行了整顿和改革。经济上注意兴修水利，减轻赋税，把无主荒地分给无地少地的农户耕种；军事上以务精不务多的原则，淘汰老弱残兵，编练精锐军队；政治上打破常规，破格任用有才干的人，鼓励大臣积极进言。

周世宗在政治、经济、军事上的改革，很快收到了效果，国家的实力逐步增强，为北宋统一全国奠定了基础。

周世宗不同意老臣冯道的意见，坚决要亲自带兵抵抗北汉。

□ 陈桥驿兵变

公元959年，后周世宗柴荣病故，年幼的后周恭帝柴宗训即位，军权落在大将赵匡胤手中。赵匡胤和他的弟弟赵光义、幕僚赵普等人看到世宗壮年而逝，他的儿子恭帝年幼无知，就秘密策划夺取皇位之事。

公元960年农历正月初一，在赵匡胤等人的指使下，河北镇、定二州忽然派人来谎报军情，说辽国和北汉联合出兵南侵，情况危急。宰相范质等人来不及辨别情报的真伪，连忙命赵匡胤带领大军北上迎战。赵匡胤立即调兵遣将，大造声势。

当天晚上，大军到了离京城二十里的陈桥驿，赵匡胤命令将士就地扎营休息。一些将领聚集在一起，悄悄商量。

有人说："现在皇上年纪那么小，我们拼死拼活去打仗，将来有谁知道我们的功劳，倒不如现在就拥护赵将军做皇帝吧！"大伙儿听了，都赞成这个意见。

将士们闹哄哄地拥到赵匡胤住的驿馆，把早已准备好的一件黄袍披在赵匡胤身上，然后跪倒在地上磕头，高呼"万岁"。接着，他们把赵匡胤扶上马，请他转回京城。这就是历史上著名的"陈桥兵变，黄袍加身"。

赵匡胤骑到马上才开口说："你们既然立我做天子，那么能听从我的命令吗？"

将士们齐声回答："愿意听受命令。"

赵匡胤便发布命令：到了京城以后，要保护好幼主，不许侵犯朝廷大臣，不准任意抢掠。

队伍一路上秋毫未犯，没费多大劲儿就拿下了京城。范质等后周朝臣迫于无奈，只好跪伏朝拜称臣。赵匡胤改封恭帝为郑王。

赵匡胤做了皇帝，国号称宋，定都东京（今河南开封），历史上称为北宋。赵匡胤就是北宋的开国皇帝宋太祖。

在陈桥驿，赵匡胤"黄袍加身"，被军士拥为"万岁"。

杯酒释兵权

宋太祖即位以后，将许多功臣都封了很高的官职。没想到不出半年，就有两个节度使起兵造反。叛乱平息后，大臣赵普对宋太祖说："唐朝末年以来，战乱一直不断，就是因为各藩镇权力太大。如果把兵权集中到朝廷，天下就太平无事了。而且禁军大将石守信、王审琦等人兵权太大，还是把他们调离禁军为好。"宋太祖想起"陈桥兵变"的事，不由得点了点头。

过了几天，宋太祖在宫里举行宴会，请石守信、王审琦等几位武将喝酒。喝到一半时，宋太祖端起酒杯说："我能有现在的地位，都是你们几位的功劳。但做皇帝也太艰难了，还不如做节度使快乐，我整夜都不敢安枕而卧啊！"石守信等人听了连忙问是什么缘故。宋太祖说："这还不明白？我这个位子，谁不想坐呀！"石守信等人一听都慌了神，忙跪在地上说："现在天下已经安定了，谁还敢起异心呢？"宋太祖摇摇头说："我当然相信你们，只怕你们的部下贪图富贵，把黄袍披在你们身上，到时候你们不想干也不行了。"石守信等人吓出一身冷汗，连连磕头，含着眼泪说："请陛下指引一条出路！"宋太祖说："你们不如把兵权交出来，到地方上去做个闲官，多买点田产房屋，安度晚年，不是更好吗？"石守信等人恍然大悟，连忙磕头谢恩。

第二天，石守信、王审琦等将领纷纷上表假称自己有病，要求解甲归田。宋太祖欣然同意。就这样，宋太祖不费吹灰之力，解除了功臣宿将的握兵要职。这就是历史上有名的"杯酒释兵权"。

宋太祖收回地方将领的兵权以后，建立了新的军事制度，从地方军队挑选出精兵，编成禁军，由皇帝直接控制，各地的行政长官也由朝廷委派。通过这些措施，新建立的北宋王朝开始稳定下来。

宋太祖巧妙地解除了武将的兵权，彻底解决了唐末以来武将对皇权的威胁问题。

口 风流才子李后主

赵匡胤推翻后周建立北宋后，自唐末五代以来藩镇割据的局面依然持续着。其中，南唐占据江淮地区，是一个江南大国。南唐后主李煜是一个多才多艺的皇帝，他不仅文章出众，擅长书法和绘画，还精晓音律、爱歌舞。他把大部分精力都放在这些事情上，无暇顾及朝政。

公元971年北宋灭掉南汉后，李煜异常恐惧，上表给宋太祖，自请改唐国主为江南国主，然后又主动把政权降格，他下的书不称"诏"，改称为"教"，中央的行政机构也改变了称呼，如尚书省改称司会府。他还向宋太祖进贡大批金银财宝，表示臣服于北宋。当时有将领提出来要领兵北上，收复旧地，李煜说什么也不同意。

公元974年，宋太祖赵匡胤派使者请李煜去东京（今河南开封）。李煜清楚如果去了就回不来了，于是推说有病去不了。宋太祖于是命令大将曹彬、潘美带领十万大军，攻打南唐。

宋军用竹筏和大船搭成浮桥，使步兵顺利跨过长江，很快就打到金陵（今江苏南京）城下。李煜慌忙派大臣徐铉到东京去求和。徐铉恳求宋太祖不要进攻金陵，宋太祖听得不耐烦，手按利剑怒气冲冲地说："你不要多说了。李煜并没有罪，但是现在天下一家，卧榻之侧岂容他人酣睡！"李煜听了回报，知道求和没有希望，连忙调来十五万大军。南唐军放火攻打宋军，不料反倒烧了自己，最后全军覆没。

公元975年，宋军攻克金陵，李煜被俘。宋军进城时他还在写词，正写到"樱桃落尽"一阕，来不及写完，便投降了。亡国后的李煜被押解来到东京，被辱为"违命侯"。受尽屈辱的李煜回想起往日的荣华富贵和自己的昏庸，满怀人世无常的感慨，写下了许多情真意切、千古流传的佳句。李煜思念故土、哀悼亡国的词引起了宋太宗的不满。公元977年，李煜被宋太宗用毒酒赐死。

宋军大举进攻南唐，很快攻进了金陵城。

口 半部《论语》治天下

赵普字则平，幽州蓟（今属天津）人。后周显德初年（公元955年），永兴军节度使刘词征召赵普为从事，刘词死后，留下表章向朝廷推荐赵普。周世宗柴荣征讨南唐淮南，赵匡胤攻克滁州时，赵普任滁州军事判官。当时，恰逢赵匡胤在滁州生病卧床，赵普早晚都去侍奉。赵匡胤与赵普交谈数次后，非常欣赏他，从此赵普就成了赵匡胤的心腹谋士。后来，赵普和赵光义一起谋划发动了陈桥驿兵变。

赵匡胤建立北宋后，赵普因辅佐建国有功，被授予右谏议大夫的职位，充任枢密直学士，后来又被任命为宰相。赵普当上宰相后，赵匡胤把他看做自己的左右手，事件不分大小，悉听赵普的意见后才作决定。赵匡胤得了天下，赵普却经常把赵匡胤卑微时的不足挂在嘴上。赵匡胤性情豁达，并不怪罪，只是说："如果能在芸芸众生中识别将来的天子、宰相，那么是人就都可以辨认了。"赵普一听，便从此再不提过去的事了。

赵普年轻时曾为书吏，因此他精于吏事，但却并没有读过多少书。做了宰相之后，宋太祖常常劝他多读一些书。北宋初年时，宋太祖想改换年号，命赵普等人商议拟定，要求定一个从前无人用过的年号。过了几天，赵普和其他大臣提议用"乾德"二字。宋太祖觉得不错，就同意了。

乾德三年（公元965年），宋太祖攻破后蜀，俘虏了后蜀的一些宫女到宋朝宫中为役。有一天，宋太祖发现后蜀宫女用的铜镜背面居然有"乾德四年"的字样。宋太祖把镜子拿给赵普等人看。赵普等面面相觑，都不知道怎么回事。一个翰林学士上前答道："这是因为后蜀也曾经用过这个年号。"宋太祖恍然大悟，他看了看赵普，感慨地说："看来，宰相还是要读书人来当啊！"

赵普十分惭愧。从那以后，他手不释卷，常常一下朝回到家，就关起门，从书箱里取出书来，一读就是一整天。第二天再处理政务，他总是应对如流，井井有条，令人佩服。赵普死后，家人打开书箱一看，发现并没有别的书，只是半部《论语》而已。所以后世流传说赵普是以"半部《论语》治天下"。

宋太祖把背面写有"乾德四年"字样的后蜀铜镜拿给赵普看，赵普很是尴尬。

□ 宋太宗亲攻北汉

公元976年，宋太祖去世。他的弟弟赵光义即位做了皇帝，是为宋太宗。宋太宗即位后，意识到自己继兄而立，要想巩固帝位，收服人心，必须树立自己的威望，建立自己的功业。他把吴越国的国主钱俶扣留在京城。据守泉州（今福建泉州）、漳州（今福建漳州）的刘洪因为惧怕北宋的势力，便投降了。宋太宗轻而易举地统一了南方。随后，宋太宗将矛头指向了北方的北汉。

公元979年，宋太宗亲率大军，出兵讨伐北汉。北汉国主刘继元想让辽国出兵，援助北汉，但辽国的援军却在路上被宋军截杀。宋太宗向刘继元劝降，守城将领拒不接受。宋太宗又亲自披甲上阵，指挥攻城。几万士兵轮番向城上射箭，每轮放箭都多达数百万支。

北汉军见宋军攻下的城池越来越多，辽国救兵又迟迟不来，知道北汉坚持不了多久了，也都无心打仗了。

公元979年五月的一天，刘继元手下的宣徽使范超出城投降，宋军误以为他是出城作战，立刻扑上去，将他杀死了。刘继元一怒之下斩杀了范超的妻儿，将首级投到城外。不久，刘继元的部将郭万超出城归降，其他亲信大将也或逃或降，都不肯为刘继元继续卖命了。太原城已危在旦夕。于是宋太宗又下诏劝降，刘继元无可奈何，只好派人奉表请降。宋太宗赐给他金带、银器等物，授官检校太师、右卫上将军，加封彭城郡公。北汉从此灭亡。

北宋王朝自公元963年至979年，经过16年的战争，结束了自唐朝中期安史之乱以来的藩镇割据和五代十国的分裂局面，实现了南北方主要地区的统一，对社会经济文化的发展起了促进作用。

宋太宗亲临战场，指挥兵士们向太原城城楼上射箭。

□ 杨业血战雁门关

杨业，并州（今山西太原）人。杨业少年时英武豪爽，善于骑马射箭。他不到二十岁就去投奔北汉国主刘崇，以骁勇善战闻名，每次打仗都能克敌奏捷，百姓称他为"杨无敌"。

宋太宗早就听说杨业武艺高强，北汉国主刘继元投降后，宋太宗召见杨业，任命他为左领军卫大将军。杨业至此成为一员宋将。宋军回师后，宋太宗任命杨业在朝中担任郑州刺史。

后来，杨业率宋军在雁门关以几千兵力打败辽国十万大军，取得了雁门关大捷，杨业威名远扬。辽国军队望见杨业的大旗，往往不战而退。

过了几年，辽国萧太后执政。宋太宗认为辽国政局变动，正好趁这个机会收复幽云十六州失地，便于公元986年派曹彬、田重进、潘美率领三路大军北伐，并且派杨业做潘美的副将。

潘美、杨业的一路人马出了雁门关，很快就收复了云、应、寰、朔四个州。但是曹彬率领的主力因为孤军深入，被辽军杀得大败。宋太宗赶快命令各路宋军撤退。

潘美、杨业等奉命掩护四州民众南撤，杨业刀主分兵至应州，诱辽军向东，以保障民众沿石碣谷南撤，但潘美等却逼其率军直趋朔州。杨业深知此行必败，出战前，他流着眼泪对潘美说："请各位大人在陈家谷口埋伏下步兵和强弩，左右夹击敌军来援救我，不然的话，就没有一个人能活着回来了。"

杨业出兵没有多远，果然遭到辽军的伏击。杨业虽然英勇，但是辽兵像潮水一样涌上来。杨业抵挡不住，只好一边打一边后退，把辽军引向陈家峪。

到了陈家峪，却没有潘美军队的影儿。杨业捶胸顿足，痛心疾首。无奈之下，杨业只好带领部下跟追上来的辽兵展开搏斗，杀伤了几百名敌人。不料一支箭飞来，正射中他的战马。辽兵乘机围了上来，把他俘虏了。

辽师久闻杨业的威名，意欲劝降。杨业仰天长叹说："皇上对我有厚恩，原以为可以伐敌卫边报答皇上，谁料反被奸臣所害，致使皇上的大军战败，我还有什么脸面苟活呢！"于是绝食三天而死。

杨业骁勇善战，他率领宋军在雁门关打败了辽国十万大军。

□ 萧太后执掌辽国

萧太后姓萧名绰，小字燕燕，是契丹建辽后，第五代国主景宗耶律贤的皇后，第六代国主圣宗耶律隆绪的母亲。

景宗自幼身患痼疾，萧绰除了给予景宗无微不至的照料外，还常常帮助他处理国事。渐渐地，朝廷中诸多事宜都由萧绰决策。她不负众望，一次次救辽国于危难之际。

公元979年，宋太宗率军大举攻辽，欲夺回幽云十六州。萧绰镇定自若，秘密部署，命大将耶律休哥和韩得让领兵迎敌，把孤军深入的宋军打得落花流水，五年不敢北进犯辽。

公元982年，景宗驾崩，十二岁的耶律隆绪即位，是为圣宗。萧绰正式临朝摄政，被尊为"承天皇太后"。她当时刚刚三十岁，面对整个辽国政事的重担，表现出了令人钦佩的气魄和智慧。处理政务之外，萧太后对圣宗要求甚严，不许他追求奢华，制止他纵情游猎，还让他反复研读《贞观政要》，把唐太宗当成学习的榜样。

为了早日还政，她还不失时机地为圣宗培养心腹和亲信。有一次，圣宗和萧太后一起去狩猎，圣宗见武将耶律斜轸的马和自己的马个头一样高，就提出比赛马。耶律斜轸表示不敢。萧太后见耶律斜轸仪表不凡，十分骁勇，心中一动，笑道："论国礼你们是君臣，但若按契丹风俗，互换弓马为盟的两人就称为好朋友，我为你们做见证，你二人就结为挚友吧。"在场的官兵一阵欢呼，敬佩太后热忱待臣的做法。后来圣宗果然和耶律斜轸成了好朋友，耶律斜轸在以后的征战中，冲锋陷阵，忠贞不贰，立下了许多大功。

萧太后以超人的胆略和智慧掌理朝政二十七年，使辽国步入鼎盛阶段。她大力提拔有经国之才的契丹官员，也重用汉族官吏，对辽国制度进行了一系列改革，如减轻百姓赋税、奖励生产、颁布禁止官吏受贿枉法的法令、下令不得敲诈百姓，等等，扭转了穆宗朝以来的中衰之势。

萧太后宽厚仁慈，鼓励圣宗和耶律斜轸交友。

□ 王小波、李顺起义

五代时期，川蜀地区先后建立过前蜀、后蜀两个政权，很长一段时期没有遭战争破坏，因此国库积贮得满满的。宋太祖灭了后蜀后，纵容将士在成都抢掠，把后蜀贮积的财富运到东京，激起了百姓的愤恨。宋太宗时期，又在那里设立衙门，蜀地出产的茶叶、丝帛都被官府垄断了。一些地主、大商人趁机投机倒把，贱买贵卖。蜀地百姓的日子就更难过了。

四川青城县（今四川灌县西南）有个农民叫王小波，他和他妻子的弟弟李顺都是靠贩卖茶叶谋生的。官府禁止私卖茶叶后，他们断了生路，走投无路之下，决心起义反抗朝廷。公元993年，王小波和李顺聚集了一百多个茶农和贫民，对他们说："如今这个世道，穷人越来越穷，富人越来越富，实在太不公平了。现在我们应该去消灭这个不公平，去争取公平！"这些人平时受够官府、富人的剥削，听了王小波的话，都热烈拥护，不出十天，就集中了几万人。

王小波有了人马，先打下了青城县，接着又攻下了彭山县（今四川彭山）。随后，王小波带兵北上，向江原（今四川崇庆东南）进攻。驻守江原的宋将张玘发兵反击，双方在江原城外展开一场大战。在战斗中，王小波被冷箭射中了前额，伤重而死。最终，起义军打败了宋军，进占了江原。

王小波死后，起义军将士推举李顺做首领，继续带领大家反抗官军。在李顺的指挥下，起义军越聚越多，连续攻下许多城池，杀死了一批贪官污吏，并最终攻取了蜀地的中心——成都。公元994年，李顺在军民的拥护下，建立大蜀政权。

消息传到东京，宋太宗大吃一惊，派了宦官王继恩前往镇压。王继恩分兵两路，派人从东面堵住巫峡的起义军，自己率领大军向剑门进发。剑门是西川通向关中的要道。李顺曾派将领进攻剑门，不料遭到官军阻击，打了败仗。王继恩顺利通过剑门，集合各地宋军，围攻成都。驻守成都的起义军英勇激战。公元994年农历五月，成都被攻破，李顺也在战斗中牺牲。王小波、李顺起义第一次明确地提出了"均贫富"的口号，标志着中国农民起义发展到了一个新阶段。

宋太宗时，川蜀百姓因不满官府统治，在王小波和李顺的领导下发动起义。

□ 寇准抗辽

辽国欺侮宋朝无能，多次进犯边境。到宋太宗的儿子宋真宗赵恒即位后，有人向宋真宗推荐寇准担任宰相，说寇准忠于国家，办事有决断。

寇准在宋太宗时期担任过副宰相等重要官职，他的正直敢谏是出了名的。有一次，寇准上朝奏事，触犯了宋太宗。宋太宗听不下去，怒气冲冲站起来想回到内宫去。寇准却拉住太宗的袍子不让走，一定请太宗坐下听完他的话。宋太宗拿他没有办法，后来还称赞他说："我有寇准，就像唐太宗有魏徵一样。"

但是寇准也正因为为人正直，得罪了一些权贵，所以后来被排挤出朝廷，到地方去做知州。这一回，宋真宗看到边境形势紧急，才接受大臣的推荐，把寇准召回京城。

·寇准·

寇准是北宋著名政治家。太宗朝曾任地方官，后入朝任枢密直学士等职。寇准为官刚正不阿，敢犯颜直谏，曾一度被排挤出朝。宋真宗即位后，寇准入朝为相，后来因副相陷害，被贬，死于雷州贬所。

公元1004年，辽国萧太后、辽圣宗耶律隆绪亲自率领二十万大军南下，直逼澶州（今河南濮阳）。寇准劝真宗带兵亲征，副宰相王钦若和大臣陈尧叟却暗地里劝真宗逃跑。王钦若是江南人，所以主张迁都金陵（今江苏南京）；陈尧叟是蜀人，所以劝真宗逃到成都去。

宋真宗赵恒犹豫不决，最后召见寇准，问他："有人劝我迁都金陵，有人劝我迁都成都，你觉得我该怎么办？"寇准见两边站着王钦若和陈尧叟，心里早有了数。他声色俱厉地说："出这种主意的，应该先斩他们的头！"他认为只要真宗亲自带兵出征，鼓舞士气，一定能打退辽兵；如果放弃东京南逃，人心动摇，敌人就会乘虚而入，国家难保。宋真宗听了寇准一番话，也壮了胆，决定亲自率兵出征，由寇准随同指挥。

这时候，辽军已经三面围住了澶州。宋军在要害之处设下弩箭。辽军主将萧达兰带了几个骑兵视察地形，正好进入宋军伏弩阵地，弩箭齐发，萧达兰中箭丧了命。

辽军主将一死，萧太后又痛惜又害怕。她又听说宋真宗亲自率兵抵抗，觉得宋朝不好欺负，就有心讲和了。

辽军主将萧达兰中了宋军的暗箭而丧命。

□ 澶渊之盟

公元1004年，辽军大举攻宋。宋朝大臣寇准临危受命，当上了宰相。这年农历十一月，辽军到达澶州（亦名澶渊郡），对北宋的都城汴京构成了重大，朝廷上下人人惊恐。在寇准的建议下，宋真宗最终决定亲自率兵出征。宋真宗率领军队来到澶州城，远近的宋军将士看见皇帝的黄色伞盖，踊跃欢呼，士气高涨。

辽国军士面面相觑，十分惊愕，阵脚也乱了。宋真宗把军事指挥权全部委托给寇准，寇准号令严明整肃。敌军几千名骑兵逼到澶州城下，宋真宗诏令士兵迎头痛击，把进犯的敌军斩杀和俘虏了一大半，残余的敌军慌忙退去。辽军损兵折将，锐气大为受挫。

但久离皇宫的宋真宗厌战了，只想让辽国早日撤兵。这时辽国萧太后派密使送信来，要求订立和约。在一群主和派大臣的怂恿下，宋真宗同意议和，并且答应每年向辽国进贡。经过几次交涉，宋辽两国于1105年签订盟约：宋辽互为兄弟之国，辽主称真宗为兄，宋尊萧太后为叔母；宋每年给辽进贡绢二十万匹、银十万两，称为"岁币"；双方各守现有疆界，不得相互侵犯，并互不接纳和藏匿越界入境之人；辽撤军时，宋军不能沿途进行袭击。互换誓书后，辽军撤退，宋真宗也回到京师。因该盟约订立于澶州城下，史称"澶渊之盟"。

澶渊之盟后，宋辽双方在边境设立了互市，即榷场，双方专设官员监督贸易和征税，一时间边境相安无事。不久，有人向宋真宗进谗言，寇准被罢免了相位。到了宋仁宗时，继续实行求和政策，不修边防，兵器残旧，毫无进攻力可言。公元1042年，辽兴宗扬言要发兵南下，目的是为了索取更多的岁币。宋仁宗不敢抵抗，只好答应每年增绢十万匹、银十万两。此后长时间内宋辽之间不再有大的战事。澶渊之盟虽然是宋朝屈辱求和的结果，但在客观上却促进了宋辽边境的经济发展。

澶州城下，北宋和辽国签订了盟约。

□ 李元昊建西夏

宋朝没有能够统一整个中国，在它的北面有契丹族建立的辽国，在它的西北面还有一个国家，这就是西夏国。西夏国是由党项族建立的。

公元1004年，党项首领李德明继承了夏国主的位子。宋朝封李德明为西平王，每年赐给他不少金帛和茶叶。李德明有一个儿子叫李元昊，武艺高强，精通汉文，熟知宋朝律法，熟读兵书，还会画画。他看到父亲甘作宋臣，唯唯诺诺，就对父亲说："我们应该有骨气，不应向宋称臣。离开了他们，我们照样可以生活。"可是李德明不肯接受他的意见。李德明死后，李元昊继承了父亲的爵位，才按照自己的主张，设置官职，整顿军队，准备摆脱宋朝的控制，自立门户。

一些党项族贵族想夺取李元昊的权力，反对他称帝建国。李元昊母亲卫慕氏的族人、贵族山喜想杀死李元昊，李元昊就把山喜和他的同族全都杀死。李元昊的叔父山遇惟亮也劝他不要称帝，李元昊便暗中叫人诬告他谋反，山遇惟亮被

迫逃奔宋朝。宋朝官员没有收留山遇，他们不敢得罪李元昊，又把山遇送了回来。最终，山遇也被李元昊杀死。从此，党项族中再没有人敢反对李元昊了。

公元1038年，李元昊自称皇帝，国号大夏，定都兴庆府（今宁夏银川），他就是夏景宗。因为大夏在宋朝的西北，所以史称西夏。

李元昊称帝后，模仿宋朝制度建立了官制，又下令让人仿照汉字，创造西夏文字。李元昊规定西夏国内所有的官文公告，一律都用新制夏字书写。由于李元昊的大力提倡和推行，上自官方文书，下至民间日常生活，西夏文得到了广泛使用并迅速流行，这不仅对于加强统一、巩固统治起了巨大作用，也是李元昊加强民族意识建设的一项突出贡献。

西夏军队在李元昊的带领下与宋和辽先后进行过几次战争，由于势均力敌，最终形成了三国对峙鼎立的局面。

公元1038年，李元昊称帝，国号大夏，他就是夏景宗。

□ 狄青假面战敌军

狄青字汉臣，汾州西河（今山西汾阳）人。李元昊称帝以后，宋朝抽调了一部分禁军到山西去防备西夏的进攻，狄青便是这批禁军中一位英勇善战的将领。

一次，西夏兵进攻保安，狄青主动要求担任先锋，出击西夏军。狄青上阵之前，总要先把发髻打散，披头散发，再戴上一个假面具，只露出两只目光炯炯的眼睛。他手拿长枪，带头冲进敌阵，东挑西杀。西夏士兵看到狄青这副打扮，本来就有些害怕，再看到狄青这么勇猛，顿时阵脚大乱，纷纷败退。狄青带领宋军冲杀过去，打了一个大胜仗。后来西夏士兵一听到狄青的名字，就吓得不敢上阵了。

后来，狄青被推荐给管理陕西军事的官员范仲淹。范仲淹得知狄青识字不多的情况后，就说："你现在是个将官了，不懂兵法，只靠勇猛是不够的。"于是，他送给狄青一本《左氏春秋》。从此以后，狄青便开始刻苦读书。

几年里，他熟读秦汉以来名将的兵法，在征战中立下了很多战功，名声也越来越大。

后来，宋仁宗把狄青调回京城，任命他为副都指挥使。当时，宋朝为防止士兵开小差，规定要在士兵的脸上刺字。狄青是普通士兵出身，脸上也有刺上的黑字。宋仁宗召见狄青时，认为大将脸上留着黑字很不体面，就叫狄青敷上药把黑字除掉。狄青却说："陛下不嫌我出身低微，依照战功提拔我。我宁愿留着这些黑字，这样就能激励士兵发愤上进！"宋仁宗听后，更加器重他了。

公元1052年，宋仁宗任命狄青为大将军，平定南方少数民族的叛乱。狄青受命之后，于同年十月间调来精锐骑兵一万五千，用瞒天过海之计攻占了昆仑关。之后又乘胜追击，一举平定叛乱。

狄青战功卓著，因此不断得到升迁，最后，被宋仁宗拜为掌管全国军务的枢密使。

狄青喜欢拔头散发，再戴上一个铜面具上战场。

□ 欧阳修提倡新文风

欧阳修字永叔，自号醉翁，晚年号六一居士，吉州永丰（今江西吉安）人，是北宋时期著名的文学家。欧阳修幼年时非常喜欢读书，但是家里很穷，买不起书，他就经常到附近藏书多的人家去借书读，有时候还把借来的书抄录下来。

宋朝初年，社会上流行的文风讲求辞藻华丽，内容却空洞无物。欧阳修读了韩愈的散文，觉得它文笔流畅，说理透彻，跟流行的文章完全不一样。他就认真琢磨，学习韩愈的文风。长大以后，他到东京参加进士考试，连考三场，都得到第一名。

欧阳修二十多岁的时候，在北宋文坛上已经有很高的声誉了。他虽然官职不高，但是十分关心朝政，正直敢谏。有一回，欧阳修为支持范仲淹新政，出来说话，使朝廷一些权贵大为恼火。他们捕风捉影，罗织了一些罪名诬陷欧阳修，朝廷便把欧阳修贬谪到滁州（今安徽滁县）去了。

滁州四面环山，风景优美。欧阳修到滁州后，处理政事之余，常常游览山水。滁州琅琊山上有一座供游人休息的亭子，欧阳修登山游览的时候，常在这座亭上喝酒。他自称"醉翁"，便给亭子起名叫醉翁亭。他写的散文《醉翁亭记》，成为人们传诵的佳作。

欧阳修当了十多年地方官，宋仁宗才把他调回京城，担任翰林学士。此后，欧阳修积极倡导改革文风。

有一年，京城举行进士考试，朝廷派欧阳修担任主考官。他认为这正是选拔人才、改革文风的好机会，在阅卷时，发现华而不实的文章，一概不录取。有一位考生叫刘几，平日喜爱写险怪文章，在国学考试中多次夺魁。欧阳修决定拿他开刀，整顿文场风气。当他读到一份考卷，其中有"天地轧，万物茁，圣人发"等语句时，当即认定这是刘几所作，于是在文末戏续两句"秀才剌，试官刷"，并拿起大红笔将试卷从头到尾横抹一杠，批上"大纰缪"三字，予以张榜示众。从此以后，内容充实而朴素的文章重现北宋文坛。

欧阳修被贬滁州时，经常在琅琊山上的"醉翁亭"里喝酒。

□ 毕昇发明活字印刷术

最早的印刷术是雕版印刷，方法是用刻刀在刨平的木板上把一个个字刻出来，再在刻好的文字版上刷上油墨，覆盖上白纸，用刷子轻轻刷平，文字就转印在纸上了。雕版印刷实行了一段时间后，人们渐渐发现这种方法很费时间，因此有人开始改进印刷技术。

北宋仁宗时期，有一个刻字工人名叫毕昇，他不断总结前人的经验，经过了八九年的艰苦钻研，终于创造出了活字印刷术。

毕昇首先做出一个个方形的小木块，把顶端切平后刻上一个个单字，然后把这些字按声韵排列好，方便以后拣选。每到印刷时，他就依照底稿将字拣出来，一行一行地排在铁板上，四周用铁框扎紧。为了使每一块活字版形成一个坚固的整体，他还预先在铁板上放了些松脂和油蜡。字排好后，把活字版放在火上烤，等松脂和油蜡熔化后，再用一块平板将字版压平，这样字块就牢牢地固定在铁板上了。这时就可以刷上油墨，把白纸盖在活字板上印刷了。印完后，再将铁板烤热，字块就可以拿下来，以备以后再用。

这样印书方便又省料，尤其是要印成百上千本书的时候，可以大大提高印刷的效率。

可是木质的字块很容易吸水变形，印了几次就不能用了。于是毕昇又想到，可以用胶泥做字模。他先在四方的小泥块上刻字，然后把泥字模放进窑里烧，这样就制成了不吸水、不变形、笔画清晰的泥活字。

毕昇发明的活字印刷术，比欧洲人谷登堡发明的用铅铸成活字进行印刷的技术，早了整整四百年。

·宋代的印刷业·

宋代的图书出版事业得到全面发展，进入了一个黄金时期。各地都开始出现雕版刻书机构，并形成分布于中原、西南、东南的刻书中心，全国性刻书网络以官刻、坊刻和私刻为三大主干力量，开创了印刷业空前繁荣的景象。这些书坊以刻印出售书籍为业，以营利为目的，拥有写工、刻工、印工等分工，雕版、印刷、装订等生产工艺齐备。坊主还常刻意翻新版刻形式，客观上推动了版刻技术的发展。

毕昇发明了泥活字，大大改进了印刷术。

□ 先天下之忧而忧

范仲淹字希文，吴县（今属江苏）人，是北宋著名的政治家、军事家和文学家。范仲淹原来在朝廷当谏官，因为看到宰相吕夷简滥用职权，就向宋仁宗大胆揭发。这件事触犯了吕夷简的利益，他就在宋仁宗面前诋毁范仲淹。宋仁宗听信吕夷简的谗言，把范仲淹贬谪到南方。

后来，宋仁宗又觉得范仲淹的确是个人才，就把他调回京城，派他担任副宰相。接着，宋仁宗要范仲淹提出治国的方案。范仲淹针对朝廷弊端，提出了几条改革措施：首先，对官吏定期考核，根据他们的政绩好坏决定提拔或者降职；其次，要严格限制大臣的子弟靠父辈的关系得官；第三则是要改革科举制度，慎重选择和任用地方长官。与此同时，他还提倡鼓励农桑，减轻劳役，加强军备，严格法令，等等。宋仁宗看了以后，开始在全国推行这些改革措施。由于这次改革是发生在仁宗庆历三年（公元1043年），所以历史上称为"庆历新政"。

范仲淹为了推行新政，先跟韩琦、富弼等大臣审查分派到各路（路是宋朝行政区划的名称）担任监司的人选。有一次，范仲淹在官署里审查一份监司的名单，发现上面有些人员有贪赃枉法行为，就提起笔来把这些人的名字勾去，准备撤换。在他旁边的富弼看了就说："范公呀，你这笔一勾，可害得一家子哭鼻子呢。"范仲淹严肃地说："要不让一家子哭，那就害了一路的百姓都要哭了。"

新政的推行使一些皇亲国戚、权贵大臣、贪官污吏非常不满，他们天天在宋仁宗面前说范仲淹的坏话。范仲淹

被逼无奈，就主动要求回到陕西防守边境。他刚走，宋仁宗就下令把新政全部废止了。

范仲淹因此受了很大打击，但他并不为个人的遭遇懊恼。一年之后，他的一位在岳州（今湖南岳阳）做官的老朋友滕宗谅重新修建当地的名胜岳阳楼，请范仲淹写篇纪念文章。范仲淹挥笔写下了名篇《岳阳楼记》，提出了"先天下之忧而忧，后天下之乐而乐"的报国思想。这两句名言一直被后人传诵，而岳阳楼也因范仲淹的文章而名扬四海。

富弼见范仲淹准备把一些贪赃枉法之徒的名字勾去，就暗示他不要如此。

□ 包拯铁面无私

范仲淹的新政失败以后，北宋的朝政越来越腐败，特别是在京城开封府，权贵大臣贪污受贿的风气十分严重；一些皇亲国戚更是肆无忌惮，不把国法放在眼里。后来，开封府来了个新任知府包拯，这种情况才有了改变。

包拯是庐州合肥人，他做了几任地方官，每到一个地方，都取消了一些苛捐杂税，清理了一些冤假错案。后来，他被调到京城做谏官，也提出不少好的建议。宋仁宗正想整顿一下开封的秩序，就把包拯调到开封府任知府。

开封府是皇亲国戚、豪门权贵集中的地方。以前，不管谁当开封府知府，都免不了跟权贵通关节，接受贿赂。包拯上任以后，决心把这种腐败的风气整顿一下。

按照宋朝的规矩，要到衙门告状，先得托人写状子，然后通过衙门小吏传递给知府。一些讼师恶棍，就趁机敲诈勒索。包拯破了这条规矩，他规定：老百姓要诉冤告状，可以到府衙门前击鼓，然后直接上堂控告。这样一来，衙门的小吏要想做手脚也没有机会了。

有一年，开封发大水，惠民河河道阻塞，河水泛滥，淹没街道，使许多平民无家可归。包拯一调查，水排不出去的原因是有些宦官、权贵侵占了河道，在河道上修筑花园、亭台。包拯立刻下命令，要这些园主把河道上的建筑全部拆掉。有个权贵不肯拆除，还强词夺理，拿出一张地契，硬说那块地是他的产业。包拯不畏权势，详细检查，发现地契是那个权贵伪造的，马上勒令他拆掉花园。最后，那个权贵只好乖乖地把花园拆了。

包拯对亲戚朋友也十分严格。有的亲戚想利用他做靠山，他一点儿也不照顾。后来，亲戚朋友知道了他的脾气，也不敢再为私人的事情去找他了。

包拯死后，留下了一份遗嘱：后代子孙做了官，如果犯了贪污罪，不许回老家；死了以后，也不许葬在包家的坟地上。由于包拯一生做官清廉，世代的人们都把他当做清官的典型，尊称他为"包青天"。

包拯严令那些在河道上修筑亭台的权贵们立即拆除建筑。

□ 王安石变法

王安石字介甫，北宋抚州临川（今属江西）人。他做了二十年地方官，政绩卓著，宋仁宗就调他到京城管理财政。范仲淹的"庆历新政"失败后，社会危机加重，因此有不少官员又陆续提出种种变法主张。

公元1069年，宋神宗即位后不久，把王安石提升为宰相，让他主持变法。

王安石启用了一批年轻的官员，并且设立了一个专门制定新法的机构。他先后颁布了《青苗法》《募役法》《方田均税法》《农田水利法》《保甲法》，以及有关科举的改革办法等。

新法中规定了官府的各种差役，民户可以不必自己服役，改为由官府雇人服役。民户按贫富等级交纳免役钱，原来不服役的官僚、地主也要交钱。

政府还鼓励地方兴修水利，开垦荒地，为了防止大地主兼并土地，隐瞒田产人口，新法规定政府负责丈量土地，按土地多少、肥瘠收税。

同时新法还规定，农民按住户组织起来，每十家是一保，五十家为一大保，家里有两个以上成年男子的，抽一个当保丁，农闲练兵，战时编入军队打仗。

这些新法以富国强兵为目的，在一定程度上增加了朝廷的收入，并且限制了高利贷对农民的盘剥，打击了大商人对市场的操纵和垄断，军队的战斗力也得以提高。但是，变法触动了一部分大官僚、大贵族的既得利益，他们强烈反对变法。

公元1074年，河北闹了一次大旱灾，农民断了粮食，到处逃荒。有一个官员趁机画了一幅《流民图》献给宋神宗，说旱灾是王安石变法造成的，要求宋神宗把王安石撤职。宋神宗看到反对的人那么多，就动摇起来。

公元1085年，宋神宗去世，年仅十岁的宋哲宗即位，太皇太后高氏临朝听政。她召司马光等人入朝执政，变法官员皆被罢黜，新法全部被废除。

王安石主持的轰轰烈烈的变法运动虽然失败了，但却对中国历史产生了不可磨灭的影响。

王安石颁布了一系列有利于农业发展的法律，在一定程度上增加了粮食产量。

□ 司马光著《资治通鉴》

司马光是宋神宗时朝中最有名望的大臣，担任过翰林学士。他和王安石本来是很好的朋友，后来王安石主张变法，司马光思想保守，两个人就谈不到一起了。王安石做了宰相以后提出的改革措施，司马光没有一项不反对。最后，司马光被贬出京，来到洛阳，关起门来开始专心写书。

司马光对历史很有研究，他认为治理国家的人，一定要从历史中吸取经验教训。他又觉得，以前的历史书实在太多，做皇帝的没有时间全看，于是，他很早就开始动手编写一本从战国到五代的史书。宋英宗在位的时候，司马光把一部分完成稿献给了皇帝。宋英宗觉得这本书对巩固王朝统治有好处，十分赞赏这项工作，专门为他设立了一个编写机构，叫他继续编下去。宋神宗即位以后，司马光把编好的一部分书稿献给宋神宗。宋神宗并不赞赏司马光的政治主张，但非常支持他编写史书，还把自己收藏的两千四百卷书都送给了司马光，要他好好完成这部著作，并且亲自为这部书起了个书名，叫《资治通鉴》。这个书名就是参照历史上的事情，帮助皇帝治理天下的意思。

司马光来到洛阳之后，就专心编写《资治通鉴》，前后一共花了十九年时间，才完成了这部著作。这部书按历史年代编写，从战国时期的公元前403年到五代时期的公元959年，一共记载了一千三百六十二年的历史。为了完成这部规模宏大的著作，司马光和他的助手们收集和整理了大量资料，除了采用历代的正史之外，还参看其他历史著作三百多种。据说，这部书写成的时候，原稿足足堆满两间屋子。

由于《资治通鉴》的材料丰富、剪裁恰当和考证严谨，加上文字精练生动，所以成为我国历史上最有价值的史学著作之一，与《史记》并称为"史学双璧"。

司马光关起门来，潜心编写《资治通鉴》。

□ 才华横溢的苏东坡

苏轼字子瞻，号东坡居士，四川眉山人，是北宋时期著名的文学家。他从小就研读经史文章，受儒学思想的影响很深。

公元1057年，21岁的苏轼来到京城，受到当时的文坛领袖欧阳修的赏识。

在参加科举考试的文章里，苏轼充分表达了自己爱国爱民的情怀，而且文章语言流畅，言辞铿锵，文气充沛，尤其是能不拘古法，活用典故。欧阳修看了非常惊喜，感慨道："这个年轻人以后一定会扬名天下，我应当赶快退避，放他出人头地。"

当时欧阳修文满天下，威望很高，他这么一说，苏轼的名字马上就传遍了全国。

苏轼考取进士后，开始了他一生坎坷的官场生涯。王安石执政期间，苏轼由于反对变法，不愿留在京城，主动要求去外地做官。苏轼每到一个地方，总要为当地的百姓办一些好事。他在徐州做官时，曾经组织官兵和百姓修筑堤防，抗击洪水。他到了杭州后，还疏通了淤塞的西湖，修筑了著名的长堤——苏堤。

苏轼做了四十多年的官，由于他生性耿直，不会讨好权贵，所以经常遭到排挤和打击，还曾经遭人诬陷，被关进大牢。后来宋神宗将他放出来，贬到了黄州（今湖北黄冈）。

苏轼到了黄州，挂了个小小的空头官衔，实际上过着流放的生活。他穷得过不了日子，后来靠朋友的帮助，弄到一块地，自己耕种起来。他还亲自整理场地，在东边山坡上盖了一间屋子。因此，他给自己起了一个别号，叫东坡居士。后来，人们常把苏轼叫做苏东坡。

后来，苏轼又被一贬再贬，最后被贬到了荒凉的海南岛。一直到宋徽宗即位，苏轼才得以返回京城。然而已经年过七十的苏轼却在北归的途中一病不起，最后在常州（今属江苏）去世了。

虽然一生历尽坎坷，苏轼却始终保持着旷达乐观的心境，经常通过写诗作词来抒发情怀。他一生留下了许多流传千古的诗词和文章，在文学史上占有不可取代的地位。

苏轼在被贬谪期间，经常通过写诗作词来抒发情怀。

□ 癫狂米芾

米芾六岁熟读诗百首，十岁写碑，二十一岁入官场，是个早熟的怪才。米芾曾为书画学博士，是北宋书法四大家之一。

米芾酷爱石头，曾主动要求去涟水（今属江苏）当小官，只因涟水靠近出产灵璧石的安徽灵璧。他收藏了不少灵璧石，每块都题其名目，经常把玩，十分珍爱。

一次，负责司法和官吏考核的按察使杨次公视察到涟水时，严肃地对米芾说：“朝廷将千里郡的地方交给你，你怎么能终日玩弄石头？”米芾取出一块灵璧石，嵌空玲珑，色极清润，在手中翻转抛接给杨按察使说：“这石头怎么样？”杨次公不看。米芾又取出一块石头，叠峰层峦，非常奇巧，杨次公仍不看。米芾最后取出一石，极尽鬼斧神工之巧，他看着杨次公说：“这种奇石，怎么能不爱？”杨次公忽然开口道：“并非只有你爱，我也很喜欢它。”说着，便从米芾手中抢过奇石，径直登车离去，于是米芾逃过考核一劫。

还有一次，米芾刚刚到达一州官邸，看见门前一块立石极为奇异，惊喜地说：“这奇石足以让我祭拜。”说着便命令部下给自己换上官袍。穿戴整齐后，米芾就手持笏板拜祭它，一边拜祭还一边喊着“石丈”。

米芾不但爱石，还爱字画。有一次，米芾与宰相蔡京之子蔡攸在船上观看一幅晋代王衍写的字，那字力透纸背，不同凡响。米芾忽然卷轴入怀，站起来要投水。蔡攸急忙拉住他询问缘由，米芾说：“我生平所藏字画甚多，唯独没有王衍的墨宝，活着何用，不如一死。”蔡攸啼笑皆非，只好把字赠给他。

宋神宗时，米芾曾出任雍丘县（今河南杞县）令。某一年，雍丘邻县地区蝗虫大起。邻县的官吏认为蝗灾由雍丘而起，蝗虫都是从雍丘飞过去的，于是发一公文给雍丘县，要求米芾捕打自己境内的蝗虫，以免滋扰邻县。当时，米芾见公文后大笑，取笔大书其后云：“蝗虫原是飞空物，天遣来为百姓灾。本县若还驱得去，贵司却请打回来。”人们闻听此事与米芾的诗，都笑得合不拢嘴。米芾因为行为放浪，举止癫狂，所以被人们称作“米癫”。

米芾玩石如痴如醉，竟向奇石祭拜。

□ 内政纷乱的辽国

辽自建国以来，宫廷内部争夺皇权的斗争较为频繁，其中有几次重大的政变，分别是"横渡之约""耶律察割政变"和"重元之乱"。

公元947年，辽太宗在灭晋还师的途中病死，众将拥立从征的太祖孙子、东丹王子永康王耶律阮即帝位。但当时的述律太后一直想传位给辽太宗的弟弟李胡。在述律太后的支持下，李胡率军从上京南下，与耶律阮军战于南京附近，李胡不敌败走。后来，李胡拘押了耶律阮的臣僚家属，并扬言："如果我再战败，就先杀了这些人！"为防止内战继续扩大，贵族耶律屋质说服述律太后，出面在两军中斡旋，使双方罢兵和谈，最终达成和议，立耶律阮为帝，是为辽世宗。这一事件史称"横渡之约"。

公元951年初，辽世宗耶律阮亲统辽军，南下攻打后周。同年九月，担任宿卫的耶律察割乘机发动政变，与耶律盆都等人攻入辽世宗大帐，杀死辽世宗，自立为帝。耶律屋质又领兵杀死耶律察割，拥立辽太宗的儿子寿安王耶律璟即位，称为穆宗。在政变中被耶律察割所杀

的还有太后、皇后等人。

重元之乱也称"滦河之变"。兴宗在位时曾加封其弟耶律重元为皇太弟。兴宗的长子道宗耶律洪基继位后，又尊重元为皇太叔、天下兵马大元帅。重元之子涅鲁古在兴宗时已进封楚王，道宗更委以重任，官至知南院枢密使。重元父子权势日重，遂与陈国王陈六、知北院枢密使萧胡睹、卫王西京留守贴不、林牙涅剌薄古、统军使萧迭里得等相勾结，阴谋夺取皇位。

公元1063年，重元父子及其同党四百余人乘道宗在滦河太子山（今内蒙古宁城西南）出游之机，发动叛乱，进攻道宗行宫。重元自立为皇帝，任萧胡睹为枢密使。由于南院枢密使耶律仁、耶律乙辛等率宿卫士卒反击，政变被粉碎。涅鲁古战死，皇太叔重元因夺权失败，带着伤逃入大漠后自杀而死，其他的徒众或自杀，或被擒获处死。

辽国统治集团内部争权夺利的斗争不断，使辽国内政纷乱，政治上逐渐走向黑暗。

辽世宗耶律阮最终死在了宿卫耶律察割手下。

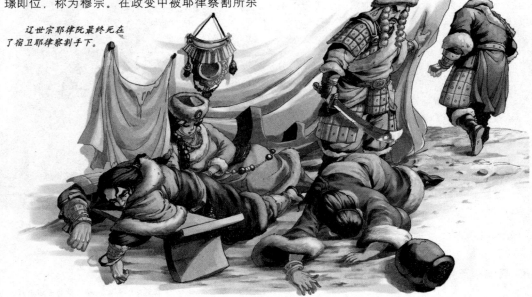

□ 永乐城失陷

北宋与西夏长期以来一直处于时和时战的对峙状态，西夏经常入宋境骚扰、掠夺，北宋边境不得安宁。

公元1082年，新上任的经略安抚副使种谔上书宋神宗，建议先筑银州城（今陕西榆林南），再筑夏州（今陕西横山西）西南的乌延城，然后修筑夏州城，这样在整个边界地区就形成鼎足之势，进可攻，退可守。宋神宗看了奏章，便派大臣徐禧和李舜举前往勘察审议。

徐禧不懂军事，觉得沿线筑城耗费巨万，且银州等地不如永乐川（今陕西米脂西北）地势险要，就否定了种谔的建议，而决定在永乐川建筑六寨六堡，作为控制银、夏、宥（今内蒙古鄂托克旗境内）三州的枢纽。宋神宗不明情况，最后采纳了徐禧的建议。

于是，徐禧与李舜举、沈括率十余战将、四万步骑和近二十万民夫赴永乐筑城。当时西夏统军叶悖麻屯兵泾原路（今甘肃平凉）北，听说宋朝筑永乐城，便于公元1082年九月移师延境北。过了几天，徐禧带着李舜举返回米脂，让部将曲珍率万人留守。叶悖麻派兵

一千进军到定河（在今陕西东北米脂、绥德地区），曲珍赶忙派人通报徐禧。徐禧率领两万多人赶回永乐，西夏军见宋朝的援军来了，不战而退。

没多久，西夏三十万大军进逼永乐城。徐禧下令曲珍、高永能引兵数万在城下无定河畔迎战。曲珍料定交战会失败，就请求徐禧收兵入城，但遭到徐禧斥责。当西夏的铁骑（即重甲骑兵）开始渡河时，曲珍又建议在西夏军过河到一半、没有防备的时候突然出击，结果再次被徐禧驳回。双方一交战，宋军寡不敌众，大败而还。过了几天，天突然降下大雨，新筑的永乐土城多处坍塌，西夏军乘机急攻，蜂拥而入，永乐城失陷。

这一仗宋军官兵阵亡达一万二千多人，丧失军马一万匹。徐禧和李舜举也在乱军中被杀。宋神宗闻此消息，心中悲伤以至流泪，几天不进食。

永乐城一战失败之后，北宋与西夏再度议和，宋神宗希望攻夏雪耻、节省岁赐白银的计划彻底破产了。

西夏军顺利渡过河，直逼永乐城下。

□ 完颜阿骨打建金国

辽朝后期，经过几次内乱和各族人民起义力量的打击，渐渐腐朽衰落。而这时东北地区的女真族却逐渐强大起来。

公元1112年春，辽天祚帝耶律延禧到春州（今黑龙江肇源县西）巡游，兴致勃勃地在混同江（今松花江）上捕鱼，并且命令当地的女真各部酋长都到春州朝见。按照当地习俗，每年春季最早捉到的鱼，要先给死去的祖先上供，并且摆酒宴庆祝，叫做头鱼宴。这一年，天祚帝在春州举行了头鱼宴。

头鱼宴上，天祚帝几杯酒下肚，有了几分醉意，叫女真酋长们给他跳舞。那些酋长虽不情愿，却不敢违抗命令，就挨个跳起舞来，唯有一个青年人神情冷漠，两眼直瞪瞪地望着天祚帝，一动也不动。这个青年就是女真族完颜部酋长乌雅束的儿子，名叫完颜阿骨打。天祚帝见完颜阿骨打居然敢违背自己的旨意，很不高兴，一再催促他跳。一些酋长怕完颜阿

骨打得罪天祚帝，也从旁劝他。可是不管好说歹说，完颜阿骨打就是不跳，叫天祚帝下不了台。这场头鱼宴闹得不欢而散。

天祚帝当场没有发作，散席后生气地跟大臣萧奉先说："完颜阿骨打这小子这样骄横，实在没法容忍。不如趁早杀了他，免得日后发生祸患。"但萧奉先认为完颜阿骨打只是年轻气盛，并没有大的过失，就劝说天祚帝放过了他。

其实完颜阿骨打不是不会跳舞，而是他不肯迎合别人。多年来，他对辽朝贵族欺负女真人民早就心存不满。现在，他眼看辽朝越来越腐败，就决心摆脱辽朝的统治。

后来天祚帝数次要召见完颜阿骨打，完颜阿骨打都假称有病没去。不久，完颜阿骨打的父亲乌雅束死去，阿骨打继任完颜部首领。他建筑城堡，训练人马，逐步统一了女真各部，准备起兵反辽。公元1115年，完颜阿骨打在会宁（今黑龙江阿城南）正式称帝，建立金国。他就是金太祖。

头鱼宴上，女真族的首长们一一为辽天祚帝跳舞，只有完颜阿骨打说什么也不肯跳。

□ 辽天祚帝亲征

金朝建立后，金太祖进攻的目标锁定辽国的北方重镇—黄龙府。为切断黄龙府外援，金太祖亲率金军，准备先攻破黄龙府周边城寨。辽天祚帝派了数十万步兵、骑兵到东北去防守，结果被金兵大败，连武器、耕具都丢得精光。

接着，金军直抵达鲁古城，结阵出击，设疑兵分散辽军兵力。辽军大乱，退回城中，被金军围困。第二天一早，辽军冒险突围北逃，结果被金军全部歼灭，金军得胜而回。

随后，金太祖调集各部会师涞流河（今黑龙江与吉林间拉林河），号召所部同心协力共灭辽国，并举行了誓师大会。如此一来，金军士气大振，趁辽国大军没有集结就先发制人，以两千五百部众，发兵攻下宁江州（今吉林扶余东石头城子），进占辽国东北的门户。

两个月后，金太祖又以不足万人的兵力在出河店（今黑龙江肇源西）打败了辽国一万大军。

在这种情况下，辽天祚帝不得不同金朝讲和。金太祖却不答应，坚持要天祚帝投降。公元1115年八月，金太祖下令直捣黄龙府。辽天祚帝恼羞成怒，组织兵力七十万，亲自带兵到黄龙府去迎战。金太祖命令将士筑好营垒，挖掘壕沟，准备抵抗。同年十一月，辽军到达驼门（今黑龙江大庆市肇源县）。

这时，辽御营副都统耶律章奴带了两千骑兵叛兵上京，发动政变，想另立当时的魏国王耶律淳为帝。辽天祚帝听闻内乱发生，无心再战，率兵中途回撤。

金太祖得到消息后，毫不犹豫地乘胜追击，趁辽军慌乱怠惰，率领轻骑向辽军发动突然袭击。金军奔驰冲杀以一当百，所向披靡。辽军仓皇　　战，主力受到重创，最后被打得溃不成军，伤亡惨重。辽天祚帝弃军奔逃，一天一夜狂奔六百里，才算保住了一条命。

公元1116年正月，金太祖又趁辽讨伐叛将高

永昌的时机，出兵辽东，在沈州（今辽宁沈阳）击败辽国宰相张琳，接着又杀了高永昌，占领东京，夺取了高永昌占据的辽东五十多个州。至此，金国攻占了辽国在辽河以东的大半山河土地，辽国的覆灭已经成为定局。

辽天祚帝被激怒了，亲率七十万大军与金兵作战。

□ 金联宋灭辽

金太祖完颜阿骨打为了彻底消灭辽，开展了以辽五京为战略目标的灭辽之战。攻取五京的步骤是，逐次攻占东京、上京、中京、西京、南京，战略计划周密得当。公元1116年正月，金太祖完颜阿骨打出兵辽东，攻占了辽国在辽河以东的大半山河，获五十四州兵粮，辽东半岛与女真故地连成一片，使金军实力大增。1120年，金军又西进上京，攻陷辽太祖创业之地，使辽军丧胆。正当金军节节胜利之际，宋朝看到辽国灭亡已成定局，就想乘机夺回被辽国侵占已久的燕云十六州，于是与金相约一起攻打辽国。

1120年，宋金两方商定：金取辽中京大定府，宋朝取辽南京析津府；辽亡以后，宋朝将原来给辽的岁币转纳给金国，金国将燕云十六州归还宋朝。因为双方使臣经由渤海往来洽谈，所以这次盟约称为"海上之盟"。

金国按照盟约出兵，但是一直打到长城脚下的古北口，也没有看到宋军。金军又沿着长城向西，攻下了辽国的西京。在整个灭辽战争中，宋军几次进攻辽的南京燕京，但都被辽军打得大败，金军却连战皆捷，轻取中京。公元1122年八月，辽天祚帝逃往夹山，耶律淳在南京析津府称帝，委任耶律大石掌管军事，固守孤城。不久，金太祖遣完颜宗望为前锋，分兵两路，直下南京，辽军不战而降。

1123年，金太祖阿骨打病死，他的弟弟完颜晟继位，就是金太宗。第二年，辽天祚帝出夹山，欲收复燕云（今北京至山西大同）地区，亲率铁骑取天德（今内蒙古呼和浩特东）、东胜（今内蒙古托克托）等州。南下武州（今山西神池）时，与金将完颜娄室遭遇，天祚帝战败，逃往阴山（今山西山阴东南）。完颜娄室在应州（今山西应县）新城东擒获了天祚帝，辽朝灭亡。

辽亡后，宋朝屈辱地用厚币换回被金军抢掠一空的南京及燕云十六州的其中六州。宋廷的腐朽和虚弱不振也被金朝所洞悉。此后，金开始侵宋，最终使北宋灭亡。

金兵长驱直入，连战连捷，把辽军打得大败。

□ 金国南侵

金灭辽后，继而把矛头直指北宋。当初宋与金国曾为共同灭辽而订立盟约，约定由宋军攻取辽国的南京（燕京，今北京）。但是宋军在攻打燕京的战斗中屡遭惨败，不得不破坏盟约，请金军入关，才攻下了燕京。

宋徽宗宣和七年（1125年）二月，金以宋朝破坏共同对辽的协议为名，大举出兵侵宋。金军兵分两路南侵，东路大军由宗望指挥，自平州（今河北卢龙）攻打燕京；西路则由宗翰指挥，自大同进攻太原。两路金军计划在宋朝都城汴京会合。当年十一月，东路金军先由平州侵犯宋朝，接连攻下檀州（今北京密云）、蓟州（今天津蓟县）。

十二月，西路金军宗翰出兵入侵宋朝之时，派使节到太原见宣抚使童贯，说："如果宋朝肯割让黄河以北的土地给我朝，我们可以考虑保留宋朝宗社。"童贯准备逃归汴京，太原知府张孝纯劝阻道："金人撕毁盟约，大人应当率领各路将士奋力抗敌，如果大人南归，军心必然动摇，这无异于把河东拱手送给金人呀。更何况太原地势险要，金兵未必能够攻取。"童贯居然说："我的职责是宣抚，不是守土，如果一定要我留下，还要你们做什么？"不久，童贯逃离太原前线，回到了汴京。

与此同时，宗望也派使臣到了汴京，威胁宋朝割地称臣，但宋徽宗没有答应。这时西路金军已接连占领朔（今山西朔县）、武（今山西神池）、代（今山西代县）等州，开始围逼太原。太原很快陷落。东路金军进至燕山府城下，宋将郭药师投降。此时宋朝的局面已经大乱。

宋徽宗下诏将原来拘收的百姓的土地还给旧佃户，减少宫里的用度，革除十余件弊端，以此笼络人心，以抵御金军南侵。其实宋徽宗早已准备南逃。1125年农历十二月，他下诏将皇位让于太子赵桓，是为钦宗，自己为太上皇，希望能改善局面。

金军自郭药师投降以后，了解了宋朝的虚实。东路金军向南进攻，如入无人之境，黄河南岸的宋军望风而逃。濬州（今河北濬县）失陷，金军从容渡过黄河，直迫宋都汴京。1126年农历正月初三夜里，宋徽宗偷偷逃出汴京，逃至金陵。

宋军在丞相李纲的指挥下，击退了金军，暂时制止了金国的南侵。1126年农历二月，钦宗将太上皇接回汴京。但由于徽、钦二帝的无能，一心想和金国求和，先后表示愿意割地给金国，同时进奉大量的金银，又罢免了李纲等忠臣，使得金兵更加肆无忌惮。

东京又名汴京，在金军的猛攻下岌岌可危。

□ 靖康之变

1126年农历八月，金朝再次集结大军，南下进犯北宋。金兵仍然分作两路，烧杀抢掠，攻城拔寨。宋钦宗还想和上一次一样投降乞和，不积极做抗战准备，结果更有利于金兵的进攻。

金朝的君臣最怕李纲，现在李纲被罢了官，他们就没有顾忌了。没几个月，金军就攻下了太原城。

攻占太原后，两路金兵继续南下。各路宋军将领听说都城汴京吃紧，都主动带兵前来援救。宋钦宗和一些投降派大臣忙着准备割地求和，竟命令各路援军退回原地。这时，在黄河南岸防守的宋军还有十二万步兵和一万骑兵。金将宗翰的西路军到达黄河北岸后，不敢强渡。到了夜里，他们虚张声势，派兵打了一夜战鼓。南岸的宋军听到鼓声，以为对岸的金兵要渡河进攻，纷纷丢了营寨逃命，十三万宋军一下子逃得精光。宗翰没动一刀一枪，就顺利地渡过了黄河。同时，宗望率领的东路金军也攻下大名（今河北大名），渡河南下。

两路金兵不断向汴京逼近，宋钦宗急忙派他的弟弟康王赵构到宗望那里去求和。赵构经过磁州（今河北磁县），州官宗泽和磁州的百姓都拦住赵构的马，不让他到金营去求和。赵构也害怕被金朝扣留，就在相州（今河南安阳）留了下来。1126年农历闰十一月，两路金军相继赶到汴京城下，开始猛烈地攻城。城里只剩下三万禁卫军，而且也是七零八落，差不多逃亡了一大半。各路将领因为朝廷下过命令，也不来援救。这时候，宋钦宗才想召回李纲，但是已经来不及了。宋钦宗只好亲自带着几个大臣手捧求降书，到金营去求和，答应将河东、河北的土地全部割让给金，并贡献大量金银绢帛。

1127年农历二月金军北撤，将宋徽宗、宋钦宗和赵氏皇子、皇孙、后妃、宫女等四百余人一并掠去，还将宋宫中所有仪仗法物和宫中用品，以及秘阁太清楼、三馆所藏图书连同府库蓄积席卷一空。北宋就此灭亡。金军攻陷汴京时正是钦宗靖康元年（1126年），所以历史上称这一变故为"靖康之变"。

北宋灭亡的同一年，钦宗的弟弟赵构在应天府做了皇帝，即高宗，后来迁都临安，南宋由此开始。

金军攻入汴京后，将宋徽宗、宋钦宗掳到北方去了。

□ 宗泽守开封府

北宋灭亡以后，原来留在相州的康王赵构逃到了南京（今河南商丘）。1127年，赵构在南京即位，改元建炎，史称南宋，赵构就是宋高宗。

宋高宗即位后，将北宋重臣李纲召回朝廷，担任宰相。李纲提出许多抗金主张，并说："收复东京，非老将宗泽不可。"

宋高宗早就了解宗泽的勇敢，听了李纲的推荐后，就任命宗泽为开封府知府。宗泽字汝霖，婺州义乌（今属浙江）人，是一位坚决抗金的将领。

这时，金兵在河北烧杀抢掠，河北人民纷纷组织义军，打击金军。河东有个义军首领王善，聚集了七十万人马，想袭击开封。宗泽得知后，单身骑马去见王善。他诚恳地对王善说："现在正是国家危急的时候，如果像您这样的英雄能同心协力抗战，金人还敢侵犯我们吗？"王善被他的诚意打动了，说："愿听宗公指挥。"

随后，宗泽又派人去联络其他义军，说服他们团结一致，共同抗金。这样一来，开封城里人心安定，存粮充足，恢复了大乱前的局面。

但是，就在宗泽积极准备北上恢复中原的时刻，宋高宗却从南京逃到扬州去了。

没多久，金太宗派大将兀术（即完颜宗弼）进攻开封。宗泽事先派部将分别驻守洛阳和郑州，作为守卫开封的防线。兀术带兵接近开封时，宗泽派出几千精兵，绕到敌人后方，截断敌人退路，然后又和伏兵前后夹击，把兀术打得狼狈逃走。

后来，金将宗翰率领金兵攻占洛阳，宋将郭振民向金军投降，另一将领李景良畏敌逃走。宗泽捉住李景良后，下令将他斩首，以正军威。宗翰派了一名金将跟郭振民一起到开封，劝宗泽投降。宗泽二话不说，把郭振民和金将宗翰也斩了。宗泽一连杀了三人，表示了抗金的坚定决心，大大激励了宋军士气。宗泽号令严明，指挥灵活，接连多次打败金兵，威名越来越大。

宗泽依靠河北义军，聚兵积粮，认为已经完全有力量收复中原了，便接连写了二十几道奏章，请高宗回开封。然而，那些奏章都被一些奸臣搁了起来。

这时，宗泽已是快七十岁的老人了，他悲愤交加，不久就病逝了。

在宗泽的努力下，开封城里存粮充足，人心安定。

□ 一代才女李清照

李清照号易安居士，历城（今山东济南）人。她通晓书画，善写诗文，尤其以写词著称，是南宋婉约派词人的代表。她出身于一个文学修养很高的家庭，少女时代写的词就远近闻名了。

十八岁那年，李清照嫁给了太学生赵明诚。赵明诚是当时的吏部侍郎赵挺之的幼子，是宋代著名的金石学家。李清照与赵明诚志同道合，除都能诗善文外，还有一个共同的爱好，就是收藏金石（古代铜器和石碑上镌刻的文字书画）。李清照帮助赵明诚一起搜集碑文字画，收藏金石器皿。夫妻俩把这件事当做他们生活上的最大乐趣。在李清照的帮助下，赵明诚花了二十年时间，终于编撰成了著名的金石学专著《金石录》。

"靖康之变"后，李清照开始了颠沛流离、凄凉悲苦的生活。1127年，赵明诚被任命为江宁（今江苏南京）知府。第二年，李清照也为避乱来到江宁。赵明诚来江宁时，曾把家中最名贵的金石字画装了十五车，一起带来。李清照走后，留在家乡的文物和老家的房子，全都被金兵烧毁了。

夫妻团聚不久，赵明诚又接到诏令，被派到湖州当知府。想不到赵明诚这一去，就得了一场疟疾死去了。

丈夫的去世，对李清照的打击非常大。但是最要紧的还是继承丈夫的遗志，把文物保护好。赵明诚有个妹婿在洪州（今江西南昌），那时候李清照身边还有图书二万卷，金石刻本二千卷，就托人带到洪州。没过多久，金兵打到洪州，这些文物从此不知去向。

李清照为了逃难，到处奔走。一路上颠沛流离，她随身带出来的文物收藏，或毁于战火，或被盗窃，最后只剩下一些残简零篇。

国家山河的破碎，珍贵文物的散失，对李清照后期的创作产生了很大影响。尤其是她的词，已由清丽缠绵变为深沉悲壮。她把国破家亡的痛苦写成了许多诗词。她对南宋小朝廷不思抵抗只知逃跑的表现，给予了极大的讽刺。在《乌江》这首诗中，她写道："生当做人杰，死亦为鬼雄；至今思项羽，不肯过江东。"

1132年，李清照移居临安，在那里过完了凄凉孤苦的晚年。大约在1151年左右，一代女词人走完了她的人生之路。

为了逃难，李清照带着图书、金石刻本等文物收藏，过着颠沛流离的生活。

□ 韩世忠抗击金兵

宋高宗逃到扬州后，金将兀术于1129年率军南下，奔袭扬州，高宗赵构渡江南逃。金军大败宋军，直逼建康（今江苏南京）城下，赵构逃往杭州。兀术紧追不舍，赵构只好乘船亡命海上；金兵入海又追了三百余里，追之不及而还。1130年，兀术带着十万金兵北撤，在镇江附近遭遇到宋军大将韩世忠的拦击。

韩世忠是一位坚决主张抗金的将领。兀术到了江边，见韩世忠不放他们过江，就要求跟宋军决战。那时候，金兵有十万人，而韩世忠手下总共才八千人。韩世忠明白，要打赢这个仗，只有依靠士气。战斗开始了，韩世忠披挂上阵，他的夫人梁红玉也身着戎装，在江心的一艘战船上擂鼓助阵，将士们都士气高涨。金兵虽然人马多，但是一来军纪涣散，二来长途行军，十分疲劳，哪里敌得过韩世忠手下精兵的猛攻。一场战斗下来，金兵死伤无数。

兀术派出使者到宋营，情愿把从江南抢来的财物全部归还宋军，只求让他们渡江，韩世忠不答应。兀术没办法，只好带着金兵乘船退到黄天荡（今江苏南京市东北）。哪里知道，黄天荡是一条死港。金兵在黄天荡被宋军围困了四十八天，进退两难，叫苦连天。

这时候，江北的金军也派兵来接应。兀术想用小船渡江，但韩世忠利用带着铁索的挠钩，轻易地就将金军的小船都拉翻了。

无奈之下，金兀术派出大批探子向老百姓问路，终于发现黄天荡西端有一条原来通江的河道，由于这条河道的淤塞才使得黄天荡成为死荡。金兀术急令士兵星夜凿渠，连夜沿黄天荡东北十里处挖掘了一条三十里的大渠通到秦淮河，金军才得以向建康方向逃走。兀术摆脱韩世忠的阻击，准备撤回北方。不料，就在金军撤到静安镇（今江苏江宁西北）时，又遭到岳飞所率宋军的袭击，最后狼狈而还。

经此一系列激战，金军虽侥幸逃脱，但遭受重创，暂时无力南下，南宋王朝得到了稳定与巩固的机会。

宋军士气高涨，将长途行军的金兵打得落花流水。

□ 岳飞抗金

岳飞字鹏举，相州汤阴（今属河南）人，是南宋著名军事家，抗金英雄。岳飞少时勤奋好学，并练就了一身好武艺。十九岁时，岳飞从军，开始了保家卫国的戎马生涯。岳飞投军后，由于智勇双全，屡建战功，很快得到提升。

岳飞平时十分注重练兵，经常亲自带着士兵冲山坡、跳壕沟，要求像打仗时一样严格。岳飞军中的军纪特别严，规定将士们"冻死不拆屋，饿死不掳掠"，赢得了老百姓的爱戴。日久天长，岳飞建立起一支纪律严明、作战骁勇的抗金劲旅，人称"岳家军"。

1139年，宋高宗不顾岳飞等人的反对，向金朝纳贡称臣。一年后，金朝撕毁和约，以兀术为统帅，分四路大举进攻宋朝。南宋王朝面临覆灭的危险。岳飞立刻派部将王贵、牛皋等分路出兵，同时派人到河北跟抗金义军首领梁兴联络，要他率领义军在河东、河北包抄敌人后方。

过了几天，宋军几路人马纷纷告捷，先后收复了颍昌（今河南许昌东）、陈州（今河南淮阳）和郑州。兀术大军来到郾城（今属河南），宋金双方都摆开阵势。岳飞先派他的儿子岳云领着一支精锐骑兵打先锋，杀得金兵大败。

兀术不敌岳家军，就调用他的精锐部队"铁浮图"进攻。"铁浮图"是经过兀术专门训练的一支骑兵，这支人马都披上厚厚的铁甲，以三个骑兵编成一队，居中冲锋；又用两支骑兵从左右两翼包抄，这种阵法叫做"拐子马"。岳飞看准了拐子马的弱点，命令将士带着刀斧，专砍马脚。金国骑兵在宋军大斧的劈砍下纷纷落马，被打得落花流水。

岳家军节节胜利，一直打到距离东京汴梁只有四十五里的朱仙镇。河北的义军渡过黄河来同岳家军会合。老百姓用牛车拉着粮食慰劳岳家军，个个兴奋得直流眼泪。岳飞趁着这个胜利的形势，鼓励部下要直抵金国囚禁二帝的重镇黄龙府。谁知就在这个时候，岳飞接到了宋高宗下令退兵的十二道金牌，抗金斗争功亏一篑。后来，岳飞在京城被通敌宰相秦桧以"莫须有"的罪名杀害。

岳家军大破"拐子马"。

□ 秦桧陷害忠良

岳飞在朱仙镇获得胜利，刚要乘胜进军时，却受到了南宋宰相秦桧的阻挠。秦桧曾担任历太学正、御史中丞、右相等职。当初宋徽宗、宋钦宗两个皇帝被金兵掳到北方去的时候，秦桧和他的妻子也一起被抓到了金国的都城，不久就投降了。后来金国发现南宋抗金力量越来越强大，就决定把秦桧放回南方充当内奸。

宋高宗听说秦桧从金国回来，知道他熟悉金国内情，立刻召见了他。秦桧劝宋高宗跟金人讲和，宋高宗觉得秦桧的话很合自己的心意，就提升他当了宰相，秦桧就这样掌握了南宋的军政大权。此后，秦桧利用他的权力和地位，勾结金朝，千方百计破坏抗金的活动。

这回，秦桧听说岳飞连战连胜，准备直捣黄龙府，就惊慌起来。他唆使他的同党、监察御史万俟卨向朝廷上了一道奏章，攻击岳飞骄傲自大，并捏造了岳飞在金兵进攻淮西的时候，拥兵不救，放弃阵地等许多"罪名"。于是宋高宗发出了紧急金牌，命岳飞撤军。

岳飞正在等待进军的诏令，没想到接到的却是朝廷催促退兵的金牌。岳飞接到第一道金牌，正在犹豫，送第二块金牌的快马又到了。从早到晚，一连送来十二道金牌。岳飞知道要进军黄龙府已经没有希望了，气得泪流满面，说："想不到我十年来的努力，一下子全给毁了！"岳家军撤走以后，金军马上向南进攻。本来被岳飞收复的许多州县又落入了金人手中。

秦桧怕岳飞早晚会对自己不利，就决定杀害他。他给岳飞编造了许多罪名，诬告他策动兵变，把岳飞和他的儿子岳云、部将张宪都抓进了监狱。万俟卨反复拷问岳飞等三人，岳飞受尽酷刑，什么都不承认。1141年，年仅三十九岁的抗金英雄岳飞以"莫须有"（就是"也许有"的意思）的罪名在风波亭被杀害。岳云、张宪同时被害。

据说岳飞死后不久，秦桧就病死了。直到宋高宗死后，岳飞的冤狱才得到平反昭雪。

秦桧编造罪名将岳飞抓进监狱后，用各种酷刑折磨他。

□ 大材小用

辛弃疾字幼安，号稼轩，历城（今山东济南）人，南宋著名爱国词人。他幼年丧父，是祖父把他抚养成人。辛弃疾长大后，曾拜当时著名的田园诗人刘瞻为师，和党怀英两人同是刘瞻最得意的学生。

有一次，刘瞻问辛弃疾和党怀英二人："孔子曾经要学生谈各人的志向，我也问问你们将来准备干什么。"

党怀英回答："读书是为了取得功名，光宗耀祖。我将来一定要到朝廷里去做大官，如果做不了官，就回家隐居，学老师的样子，以写田园诗为乐。"刘瞻听了党怀英的回答，非常高兴，连连称好，认为他的志向很高洁。

辛弃疾却回答："我不想做官，我要用词写尽天下的赋，用剑杀尽天下的贼！"刘瞻听了大吃一惊，要辛弃疾今后不要再说这样荒唐的话。

此后，辛弃疾和党怀英两人的生活道路截然不同：辛弃疾英勇地投身到抗金的民族战场上去，以爱国词人著称于世；而党怀英则混迹于金人统治集团，为金人做了一些帮闲乃至帮凶的事情。金人南侵后，辛弃疾组织了两千多人的队伍在故乡起义。后来，又率领队伍投奔济南府农民耿京组织的起义军。不久，起义军接受朝廷任命，与朝廷的军队配合作战，打击南侵的金军。

1203年春，辛弃疾才被任命为绍兴府知府兼浙江东路安抚使。绍兴西郊有一处地方叫三山，当时著名诗人陆游就在那里闲居。陆游的爱国诗句早已为辛弃疾所敬仰。因此辛弃疾到任不久，就去拜访了这位诗人。两人一起谈论国家大事，十分投机。

次年春天，宋宁宗降下圣旨，要辛弃疾到京城临安去，征询他对北伐金国的意见。辛弃疾把这件事告诉陆游，陆游觉得这是辛弃疾施展自己才能的好机会，为他感到高兴。为了鼓励辛弃疾，陆游特地写了一首长诗赠给他，诗中写辛弃疾是与古代大政治家、军事家管仲、萧何一流的人物，现在当浙江东路安抚使，实在是把大的材料用在小处；鼓励他为恢复中原而努力，千万不要因为受到排挤不得志而介意。

可惜，六十七岁那年，辛弃疾这位始终被大材小用的爱国英雄在忧愤中离开了人世。

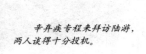

辛弃疾专程来拜访陆游，两人谈得十分投机。

□ 辛弃疾夜闯敌营

辛弃疾出生时，家乡济南已经沦陷在金人手里。祖父辛赞常常给辛弃疾讲北宋灭亡的惨痛历史，带着他登上高山，眺望祖国的大好河山，这一切给辛弃疾留下了很深的印象。辛弃疾特别痛恨金朝统治者，总想找机会推翻他们。

济南府有一个农民叫耿京，为了反抗金军入侵，聚集了一支二十几万人的起义队伍，自号"天平节度使"。在金朝统治者残酷压迫下的贫苦农民，纷纷投奔耿京，耿京的队伍越来越壮大。辛弃疾二十二岁那年，组织了一支两千多人的起义队伍，投奔耿京。耿京让他负责起义军的文书工作，掌管起义军的大印。

后来，辛弃疾给耿京提意见，觉得义军应该和朝廷联合抗击金军，耿京就派贾瑞、辛弃疾和十几个随从到了建康。然而，就在从建康回去的路上，他们却听说耿京被人杀害了。

杀害耿京的是个义军的将领，名叫张安国。在金朝官府加紧诱降活动以后，张安国贪图金人的赏赐，闯进营帐把耿京杀了，他因此被金人封为济州刺史。辛弃疾听到这个消息，既痛心，又气愤，发誓一定要除掉叛贼，为耿京报仇。他带了五十名勇士，一起骑马奔向济州。

辛弃疾的队伍到了济州官府，叛徒张安国正在里面设宴请客。辛弃疾和勇士们一闯进大厅，便立刻拥上去，七手八脚把张安国捆绑起来，拉出衙门。等济州兵士赶来时，他们已经把张安国缚在马上了。兵士见辛弃疾神色威严，没人敢动手。辛弃疾当场向兵士们号召说："朝廷大军马上就到，大家谁愿意抗金的，参加到我们队伍里来吧！"济州的兵士多数原来跟过耿京，听到辛弃疾的号召后，有上万人愿意跟他们走。辛弃疾立刻带着义军，押着叛徒，直奔南方。

辛弃疾把叛徒押到建康行营，南宋朝廷审清楚张安国的罪行，立刻把他砍头示众。

辛弃疾回到南方后，被派到江阴做官。他在四十二岁那年，受到朝廷官僚打击，辞职归隐。他一生写下了许多反映他的豪放性格和爱国热情的词，他的词在我国文学史上占有很重要的地位。

辛弃疾把叛贼张安国缚在马上，向南方的建康行营奔去。

□ 贾似道误国

12世纪末至13世纪初，蒙古部落在蒙古草原上逐渐兴起。1206年，铁木真统一了蒙古各部，被尊称为"成吉思汗"，建立大蒙古国。1234年，南宋联合大蒙古国灭掉金朝以后乘机出兵，想收复开封、河南一带的土地。从此，南宋与大蒙古国之间战事不断。

1258年，大蒙古国兵分三路，分别由蒙哥、忽必烈、兀良合台率领，进攻南宋。忽必烈进兵鄂州（在今湖北），派几百人的敢死队充当先锋，强渡长江。宋兵没有防备，果然溃败。大蒙古国军兵随后大举渡江，包围鄂州。宋理宗命令各路宋军援救鄂州，又任命贾似道担任右丞相兼枢密使，到汉阳督战。

贾似道原是个不学无术的浪荡子，靠他的姐姐是宋理宗的宠妃，才得了官位。他见形势愈发紧张，就瞒着朝廷，偷偷地派亲信到蒙古大营去求和，表示只要大蒙古国退兵，宋朝就愿意称臣进贡。这时，忽必烈接到妻子从北方捎来的密信，说大蒙古国中的一些贵族正在准备立他弟弟阿里不哥做大汗。忽必烈急着回去争夺汗位，就答应了贾似道的请求，订下了秘密协定。贾似道答应把江北土地割让给忽必烈，并每年向他进贡银、绢各二十万。于是，蒙军撤兵。

贾似道回到临安，丝毫不提私定和约之事，反倒吹嘘各路宋军大获全胜。宋理宗听信贾似道的弥天大谎，立刻给他加官晋爵。宋理宗死后，太子即位，是为宋度宗。宋度宗封贾似道为太师，拜魏国公。

忽必烈打败阿里不哥后，于1271年称帝，即元世祖，改国号为元。不久，元世祖借口南宋不守和约，派兵进攻襄阳。宋军连战连败。贾似道再度把前线的消息封锁起来，不让宋度宗知道。偶有襄阳守军俘虏几名蒙古哨兵，贾似道就夸大其词地向朝廷报捷。

后来襄阳被元兵攻破，元世祖决定一鼓作气消灭南宋。他派伯颜率兵二十万，分两路进军，一路从西面攻鄂州，另一路从东面攻扬州。

1274年，宋度宗病死，贾似道拥立四岁的赵㬎做皇帝，是为恭帝。不久，元军进逼临安，南宋陷入危亡境地。

贾似道奴颜婢膝，瞒着宋廷偷偷派人到蒙古军中求和。

□ 留取丹心照汗青

1275年，元军进逼临安，宋恭帝下诏要各地将领带兵援救。江西赣州的州官文天祥接到朝廷诏书，立刻捐献出全部家产，招募了三万人马，准备赶到临安去。有人劝他说："现在元兵长驱直入，您带了这些临时招募起来的人马去抵抗，好比赶着羊群去跟猛虎斗，明摆着要失败，何苦呢？"文天祥泰然回答："这个道理我何尝不知道。但是国家养兵多年，现在临安危急，却没有一兵一卒为国难出力，岂不叫人痛心！我明知自己力量有限，宁愿以死殉国。"

这时候，元朝统帅伯颜已经渡过长江，分兵三路进攻临安。文天祥向朝廷建议，集中兵力跟元军决一死战。但是赵恭帝与很多大臣都惧怕元军，一味求和，文天祥势单力孤。1276年，元军占领临安。谢太后和恭帝出宫投降，元军把他们连同文天祥等人押往大都（今北京市）。文天祥中途逃出，来到福州，与张世杰一道抗元。

文天祥在抗元战斗中被俘。元朝将领纷纷劝他投降，却遭到他的严词拒绝。

1278年，元军攻下潮州，文天祥再次被俘虏。元朝丞相博罗派投降官员留梦炎去劝降。文天祥对这个叛徒早已深恶痛绝，对他一顿痛骂，留梦炎只得灰溜溜地走了。元朝对文天祥劝降不成，就把他移送到兵马司衙门。

身陷囹圄的文天祥感慨万千：自己死不足惜，大宋江山风雨飘摇，岌岌可危，今后谁来护卫幼主、光复江山呢？感慨惆怅之余，他吟出："辛苦遭逢起一经，干戈寥落四周星。山河破碎风飘絮，身世浮沉雨打萍。惶恐滩头说惶恐，零丁洋里叹零丁。人生自古谁无死，留取丹心照汗青。"这就是流传千古的名作《过零丁洋》。

南宋灭亡后，元将张弘范劝文天祥说："宋朝已亡，您的忠孝也尽到了。如果您能为元朝做事，元朝宰相岂不非您莫属吗？"文天祥说："国亡而不能救，做大臣的死有余辜，难道还能贪生怕死吗？"元朝统治者对他百般折磨、千般利诱，但文天祥始终不为所动，并写下了千古传颂的《正气歌》。1282年，文天祥在大都慷慨就义，时年四十七岁。

□ 陆秀夫负帝投海

1276年，元军攻入临安，南宋恭帝向元朝投降。时任礼部侍郎的陆秀夫与陈宜中、张世杰等大臣在福州立恭帝的弟弟益王赵昰为帝，重建宋廷。不久，元兵攻入福建，南宋君臣乘海船逃向广东。1278年初，赵昰病死，有大臣意欲散去，陆秀夫勉励群臣，再立八岁的卫王赵昺为帝，迁居厓山（今广东新会南）。陆秀夫任左丞相，与张世杰共同执掌朝政。

1279年农历二月，元朝大将张弘范率领水陆大军，攻破厓山，在残山剩水间苦撑危局、坚持抗元的南宋朝廷终于失去最后的屏障。时近黄昏，风雨大作，咫尺之间景物难辨。张世杰趁着海面混乱，让人驾轻舟去幼帝赵昺的座船，接他脱离险境，以便寻机安全转移。一直在舟中观察着战况的陆秀夫面对此景，知道要战胜元军已经没有希望，深恐奸细趁机向元军卖主邀功，又担心轻舟难以躲避元军星罗棋布的舰船，招致南宋末帝被俘或遇难，因而断然拒绝来者的请求。他也知赵昺的座船笨重，又与其他舰船环结，行驶艰难，估计已经无法护卫幼帝脱身，便当机立断，决心以身殉国。

陆秀夫换上盛装朝服，手执利剑，先是催促自己的妻子儿女投海，继而背起九岁的赵昺，用素白的绸带将他与自己的身躯紧紧束在一起，然后走向船舷，纵身跳入茫茫大海。之后随同跳海殉国的朝廷诸臣和后宫女眷不计其数。当晚，张世杰的军队也在暴风雨中全军覆没，南宋王朝就此灭亡。

陆秀夫受命于危难之际，殚精竭虑，颠沛流离，试图力挽狂澜，维护大宋江山，最终以自己的忠节之举报效了国家。元朝灭亡以后，人们在当年陆秀夫负帝跳海不远处的岩壁上刻下"宋丞相陆秀夫死于此"九个大字，用以永远纪念这位壮烈殉节的名臣。

陆秀夫怕幼帝落入元军手中受辱，就背着他纵身跳进了大海。

第三章

Part 3·

草原帝国

　　元朝是由发源于草原的蒙古族建立起来的庞大帝国。蒙古族这个游牧民族，在成吉思汗的领导下，凭借强大的武力，不仅征服了中原及长江以南地区，还将控制范围扩张至整个西亚地区，使元朝成为中国有史以来疆域最大的王朝。元朝时的中国是世界上最强大的国家，声誉远播欧、亚、非三洲。这一时期涌现出一大批优秀的科学家和艺术家，各民族间的经济与文化交流得到更大发展，古老而先进的华夏文明在中西方商贸往来中也传播到了西欧。

□ 一代天骄成吉思汗

1206年，北方蒙古贵族在斡南河源头（今蒙古人民共和国乌兰巴托以东）举行大聚会，公推铁木真为大汗，尊称他为"成吉思汗"。

铁木真本来是蒙古族孛儿只斤部酋长也速该的儿子。铁木真幼年时，和他们有宿怨的塔塔尔部首领蔑古真把也速该毒死了，孛儿只斤部失掉首领后就解散了，原来归附也速该的泰亦赤部也脱离了他们。铁木真长大后，为了恢复父亲的事业，渐渐把他们部落失散的亲属和百姓召集回来，又带领族人在跟别的部落的战斗中打了胜仗，力量渐渐壮大。

铁木真没有忘记杀害父亲的仇人——塔塔尔部首领蔑古真。没过多久，蔑古真得罪了金朝，金朝派出丞相完颜襄，并约集铁木真共同进攻塔塔尔部。铁木真认为这是个报仇的好机会，就和金兵一起夹击塔塔尔部，把塔塔尔部打得全军覆没，俘获了大批人口、牲畜和辎重。以后，铁木真又经过几次战斗，陆续消

> ## · 蒙古四大汗国 ·
>
> 四大汗国是蒙古统治者逐次在西征胜利中扩张领土的结果。成吉思汗在西征胜利后，把所征服的土地分给他的长子术赤、次子察合台、三子窝阔台。这些封地后来发展为钦察汗国、察合台汗国、窝阔台汗国。1258年，元世祖忽必烈的弟弟旭烈兀破黑衣大食，建立伊儿汗国。蒙古四大汗国正式建立。四大汗国的出现，是蒙古族历史上，也是世界历史上的重大事件。

灭了蒙古高原的好几个部落，最终统一了全蒙古，当上了大汗。

铁木真即汗位后，逐步把蒙古建成一个强大的汗国。1211年，成吉思汗大举进攻金朝，把金军打得一败涂地。1214年，蒙古兵又打进居庸关，围攻金朝的中都（今北京市）。金宣宗被迫求和。

1219年，成吉思汗亲率二十万大军西征，攻占了花剌子模，接着向西占领了中亚大片土地，使蒙古国力达到了鼎盛状态。

铁木真统一了全蒙古，被大家一致推举为全蒙古的大汗，尊称"成吉思汗"。

□ 铁骑征服世界

元朝是由蒙古族建立起来的庞大王朝。蒙古族以其强大的武力，不仅征服了中原及长江以南地区，还将其控制范围扩张至整个西亚地区，成为中国有史以来疆域最大的王朝。

在成吉思汗的领导下，蒙古于1227年消灭西夏。成吉思汗死后，蒙古在成吉思汗的儿子窝阔台的领导下，又于1234年消灭金朝，为统一全中国做好了准备。

1237年，窝阔台发动了对欧洲的入侵。他的侄子拔都和蒙哥以及大将军速不台率领的大军蜂拥西进，直逼俄罗斯和乌克兰，仅仅数月之后就横扫了俄罗斯北部。到1241年初，他们已经占领了整个俄罗斯和乌克兰。接着，窝阔台又趁势西进，占领了波兰的克拉科夫。随后他们又两次重创了欧洲人。

1254年，蒙古军攻灭大理国，建立云南行省，辖境除今滇及黔、川部分地区外，南界还到了缅甸、泰国境内。在海疆方面，第一次在澎湖列岛设立行政机构——巡检司，属晋江县管辖。

1271年，成吉思汗的孙子忽必烈在大都（今北京市）建立起元王朝。1276年，元朝发兵攻占南宋都城临安，统一了中国全境。

元朝在东北置辽阳行省，其南界抵达辽东半岛南端，东南与高丽接壤。元朝与高丽边界线东段，一度曾达铁岭（今朝鲜元山南）。1286年，元朝还征服了今库页岛上的骨嵬，在北方设置了岭北行省，辖有今蒙古人民共和国、西伯利亚中部以及中国内蒙古东部、北部和黑龙江部分地区。元朝在西南方面统一吐蕃地区（包括今藏、青大部、川西以及不丹、锡金和克什米尔部分地区），使青藏高原第一次归入中原王朝的直属版图。

元世祖忽必烈在统一中国之后，并没有停止对外的军事行动。此后，元朝曾两征日本，两征安南（今越南北部），两征缅甸，先后使高丽、缅甸、安南等地成为元的属国。

1237年，窝阔台发动了对欧洲的入侵。蒙古军一路西进，直逼俄罗斯和乌克兰。

□ 耶律楚材治天下

耶律楚材出身于契丹贵族家庭，是辽朝开国皇帝耶律阿保机的九世孙。他精通汉族文化，是促进蒙古贵族接受中国传统文化的第一人，被誉为"治天下匠"。

成吉思汗十年（1215年），蒙古军攻占燕京（今北京西南一带）。成吉思汗得知耶律楚材才华横溢、满腹经纶，就派人向他询问治国大计。耶律楚材早已对腐朽的金王朝失去信心，他决定以自己的才华辅助成吉思汗，从此便开始跟随成吉思汗西征。

耶律楚材常给成吉思汗讲征伐、治国、安民之道，屡立奇功，备受器重。后来，他又在随成吉思汗征西夏时谏言，禁止州郡官吏擅自征发杀戮，使贪暴之风有了一些收敛。窝阔台即汗位后，耶律楚材倡立朝仪，劝各亲贵大臣行君臣礼，以尊汗权。

1232年，窝阔台南征金朝。大将速不台进攻京城汴京，因为城墙坚厚，一直攻不下来，人马死伤了很多。速不台怒气冲冲地向窝阔台报告说："等城攻破的时候，我要把全城的男女统统杀光！"

耶律楚材听说后，对窝阔台说："将士打了几十年仗，所要得到的就是土地和人民。得到了土地而没有老百姓，这土地有什么用呢？"窝阔台听了，犹豫不决。耶律楚材又说："手艺很巧的工匠、拥有财富的大户都集中在汴京城里，如果全部杀了，我们还能得到些什么呢？"窝阔台觉得有道理，就下命令给速不台："除了金朝皇族以外，其余一概不杀。"当时住在汴京避难的人有一百多万，他们因此而逃过一劫。从此，蒙古军队屠城的事渐渐减少了。

在占领中原地区之后，蒙古国在耶律楚材的建议下开始废除蒙古旧习，仿照汉制制定课税制度，为中原地区经济和政治的稳定奠定了坚实的基础。在进行经济改革的同时，耶律楚材又协助窝阔台对各项政治制度进行改革，使统治机构进一步得到完善。

窝阔台病死后，他的儿子贵由继任大汗。这时，耶律楚材的意见不再被新的统治者所接受。在忧郁的心境中，耶律楚材于五十五岁时，在任上去世。

耶律楚材不主张屠城杀戮。他的这一建议被窝阔台采纳，使很多人免于一死。

□ 忽必烈建元

忽必烈是成吉思汗第四子拖雷的儿子。拖雷有十一子，其中长子蒙哥，四子忽必烈，七子阿里不哥最具实力。

窝阔台之子贵由即汗位不到两年，便突然死去，蒙古统治集团内部争夺汗位的斗争愈演愈烈。1251年，蒙古的王公们推举拖雷长子蒙哥为大汗。蒙哥即汗位后，派遣忽必烈开拓南部汉地，令阿里不哥留守都府和林（今蒙古人民共和国哈尔和林）看管蒙古本土，自己则亲率大军伐宋。不料蒙哥汗于1259年在合州（今重庆合川区）城下阵亡，忽必烈为争夺汗位匆匆北返。

由于阿里不哥在和林颇受诸王公们的拥护，忽必烈返至开平（今内蒙古多伦西北之石别苏木）后决定先发制人，便于1260年自行即位为大汗，建年号为中统，并诏告中外。同时，阿里不哥也在漠北即大汗位，据有漠北地区。驻军六盘山的蒙古军主帅浑都海、陕西的刘太平，以及四川蒙古军的一些将领，均拥护

阿里不哥为汗，企图以秦蜀之地响应。于是兄弟拔刀相向，内战长达四年之久。

1264年，阿里不哥众叛亲离，走投无路，向忽必烈投降。忽必烈改元为至元元年，改燕京为中都，以开平为上都。至元四年（1267年），忽必烈汗定都中都，并仿"汉法"进行改革。这时候，一批守旧的蒙古贵族仍然强烈反对忽必烈推行"汉法"。西北藩王甚至派遣使臣到朝廷来，气势汹汹地责问忽必烈："蒙古风俗制度与汉法素不相同，现在你竟留居汉地，建造了宫殿城市，典章制度都遵用汉法，到底是想干什么？"忽必烈并不理睬他们的种种威胁，坚定地用"汉法"改造蒙古国。

1271年，在进攻南宋取得不断胜利的形势下，忽必烈根据汉臣刘秉忠的建议，取《易经》上"大哉乾元"（极大的意思），把蒙古国号改为"大元"，至此元朝正式建立，忽必烈就是元世祖。第二年，忽必烈把燕京改为大都，正式定为全国的首都。1279年，元军灭南宋，不久就把政治中心从和林移到中原。

忽必烈在汗位之争中取胜，此后不久改国号为元，当起了皇帝。

□ "曲状元" 马致远

元曲是元代文学的代表，包括散曲和杂剧，而散曲又分小令和套数两种体裁。

在马致远生活的年代，元代统治者虽然也重视学习汉文化，把不少汉族知识分子引进朝廷为官，但广大的汉族知识分子还是生活在社会底层。这使广大读书人十分灰心失望，他们除了寄情绘画外，就是致力于文学创作，从而发展了元曲这种文学体裁。而元代官吏的残暴贪婪，百姓生活的困苦，也为元曲家们提供了丰富的创作素材。

马致远在散曲和戏曲创作方面的成就很高，有"曲状元"的美誉。马致远早年在大都生活了近二十年，后到扬州为官，但因为是汉人，他无法施展自己的才干，非常苦闷。每天从官衙回来，他就独自在灯下感叹："儒人不如人！" 在五十岁的时候，马致远决定离开官

> **· 散曲 ·**
>
> 散曲指的是金元时期的小令和套数，小令和词调同源，是一支独立的曲子；套数则源自宋金时期的说唱诸宫调，是由多支曲子依照一定的调性组织起来的。此外还有一种是带过曲，就是从套数里摘出来两支或三支连唱的曲调。散曲从元代兴起以后，在很大程度上取代了词的功能。

府，隐退乡间，去寻找他心目中的自由世界。

马致远的《天净沙·秋思》是元曲小令中的压卷之作，被誉为"秋思之祖"。小令中的枯藤、老树、昏鸦等意象，本来就是一些易于让人愁思一触即发的秋色；加之黄昏来临，满目萧瑟之景则映射出作者一生仕途的失意和漂泊的生涯。小桥、流水、人家等意象，以乐景写哀情，烘托出游子沦落无助的无限悲凉。结尾"断肠"孤客沦落"天涯"的画面，给人以无尽的想象。

《汉宫秋》是马致远创作的杂剧中最著名的作品，写的是王昭君出塞和亲的故事。作品并不拘泥于史实，而是在久经流传的民间传说的基础上，参考了历代诗人对王昭君的咏唱中的某些思想情绪，又结合元代民族压迫比较严酷的历史现实，进行再创造。作品以汉元帝与王昭君的爱情故事为主线，揭露了帝王的昏庸、朝政的腐败，抨击了朝中文武大臣在侵略威胁面前的怯懦和无能，也深刻地反映出了在民族战争中个人的不幸。

马致远一生共写了十五部杂剧，保留下来的主要有七部。马致远的杂剧表现了他对现实社会强烈的不满，剧作的文词豪放有力，声调和谐优美，对后世有很深远的影响。

马致远空有一身才华，却在当时的官府中无法施展。

□ 书画家赵孟頫

赵孟頫字子昂，号松雪，吴兴（今浙江湖州）人，是宋太祖赵匡胤的十一世孙。他十一岁时父亲便去世了，家境每况愈下。在母亲的鼓励下，赵孟頫向当地名儒敖继学习经史，向钱选学习画法，经过十年的发奋努力，学问大有长进，成为"吴兴八俊"之一。赵孟頫入元后被征召为官，屡经升迁，再加上他在诗书画论上的全面才识，也就当之无愧地成了元代文人画的领袖人物。

在中国美术史、书法史乃至文化史上，赵孟頫都称得上是一位博学多才的杰出人物。自五岁起，赵孟頫就开始学习书法，从无间断，直至临死前还在观书作文。他初学书法以王羲之《兰亭序》为宗，后学王献之、李邕、宋高宗等，泛览百家，而一直以二王为本，追溯东晋之风。在赵孟頫的大力倡导下，王羲之秀丽平正、蕴藉沉稳的书风得到复兴。赵孟頫存世的墨迹主要有《洛神赋》《道德经》《四体千字文》等。

在绘画上，赵孟頫也是元代的泰斗。他擅长人物、鞍马、山水、花木、竹石、禽鸟等各种题材，下笔皆成妙品。他学画也是在复古的精神下博采众长，而后自成一格。若将赵孟頫传世画作按画科分类，会发现他孜孜以求的"古意"，大致以人马、山水、花鸟、竹石依次组合了一个由古趋近的序列。其人物、鞍马、走兽，

以唐人风尚为旨，往往笔线雍容，赋色高华，造型精严，意趣峻拔。山水一类则以五代宋初风尚为旨，具有清新而含蓄的文人气质。花鸟一类延接五代两宋的写实传统，而尽洗院体工丽纤微的积习，笔法上融汇书法意味，色彩上讲求雅淡情趣。在这个由古趋近的序列中，既表现为从造境到写意的过渡，也显示着从丹青到水墨的渐变，更透露出从诗意化向书法化的移替。

像赵孟頫这样具有多方面艺术才能和文化修养的书画家，在中国美术史上是十分罕见的，也因此确立了他在中国书画史上的重要地位。

赵孟頫在书、画、文学上都颇有建树，
被认为是元代文人画的领袖人物。

□ 天文学家郭守敬

郭守敬是元时邢州（今河北邢台）人，中国古代杰出的天文学家、数学家和水利工程专家。他祖父郭荣学识渊博，不但通晓经书，对数学、天文、水利等都有研究。郭守敬少年时在祖父的影响下，对科学产生了浓厚的兴趣，后来他还认识了许多爱好科学的朋友，学问长进很快。

元世祖忽必烈统一北方以后，为了发展农业生产，决定整治水利，征求这方面的人才。郭守敬对北方水利情况十分熟悉，就提出六条整治水利的措施。忽必烈十分满意，派他经办河道水利的事。郭守敬在西夏故地疏浚了一批原有的渠道、水坝，还开挖了一些新河道。不出一年时间，这一带九百多万亩农田灌溉畅达，粮食丰收，百姓的生活也都得到改善。为了加强大都到江南的交通运输，郭守敬经过实地勘测和设计，不但修通了原来的运河，还新开凿了一条从大都到通州的通惠河，这样，从江南到大都的水路运输就畅通无阻了。

元世祖灭南宋以后，更加重视农业生产的恢复。农业生产离不开历法的使用。

过去，蒙古人一直使用金朝颁布的历法，这种历法误差很大，连农业上常常使用的节气也算不准。元朝征服江南以后，南方用的又是另一种历法，南北历法不一样，更容易造成紊乱。元世祖决定统一制订一个新历法，就下令成立了一个编订历法的机构，名叫太史局（后改称太史院）。郭守敬因为精通天文、历法，就被朝廷调到太史局，主办改历工作。

仪器和观测，是编修新历法的最基本的工作。浑天仪是最主要的天文观测仪器，可是郭守敬检查发现，司天台（国家天文台）上的浑天仪还是金兵攻下北宋京都汴梁后抢来的。由于大都和汴梁的纬度不同，这架仪器无法直接使用。其他仪器也大多破损，不能使用了。为此，郭守敬制作了十二件在司天台上使用的仪器，四件可搬动到野外使用的仪器。其中，最著名的就是简仪。简仪是将传统的浑天仪简化、改造而成的，用来推定这个星球在天体中的位置。郭守敬运用简仪对天体作了观测。他测定了黄道与赤道的交角，以及二十八宿（星座）的距离，其精确度都大大提高。

为了编好新历法，郭守敬还主持了大规模的天文观测活动，在全国建立了二十七个观测点。其中最南端的观察点在南海（今西沙群岛），最北端的观察点在北海（今西伯利亚）。1280年，新历法初步编成，被定名为《授时历》。《授时历》以365.2425天为一年，与地球绕太阳一周的实际时间相比，仅仅差了二十六秒钟。《授时历》同我们现在使用的公历周期相同，但比现行公历要早三百年。

郭守敬在编制《授时历》的过程中，曾到全国各地进行测量、实地考察。

□ 马可·波罗东游记

元朝是一个地跨欧、亚，疆域广阔的帝国，中央政府设有驿路，保持与各地汗国的联系。这使得中原地区与海外的文化交流变得安全而便利，因而这一时期中西文化的交流十分频繁，数量可观的欧洲商人进入中国境内，甚至直达元朝的都城。在这些人中，威尼斯的商人马可·波罗最为出名。

马可·波罗的父亲尼古拉·波罗是威尼斯的商人，常常到国外去做生意。1265年，他来到上都（今内蒙古多伦县西北），有幸受到了忽必烈的接见。尼古拉·波罗回国后，跟儿子马可·波罗说起中国的繁华。马可·波罗十分羡慕，便央求父亲带他到中国去。1275年，马可·波罗和他父亲来到了中国。这时，忽必烈已经称帝，特地在皇宫里举行宴会欢迎他们。

马可·波罗非常聪明，很快学会了蒙古语和汉语，深得元世祖的赏识。马可·波罗在中国整整住了十七年，被元世祖派到许多地方视察。他曾经去过今天的山西、陕西等省，也曾深入四川、西藏少数民族地区和缅甸北部，还经常出使国外，去过南洋的好几个国家。

日子久了，马可·波罗和他父亲十分想念家乡。1295年，马可·波罗父子经过三年的长途跋涉，回到了威尼斯。马可·波罗离开威尼斯已经二十年，当地人都以为他们死在国外了，现在看到他们从遥远的中国回来，还带回许多东方的珍珠、宝石，感到十分震惊。

没多久，威尼斯和另一个城邦热那亚发生冲突，结果威尼斯打了败仗，马可·波罗被俘，被关在热那亚的监牢里。跟马可·波罗一起关在监牢里有一个名叫鲁思梯谦的作家，他把马可·波罗讲述的事都记录了下来，编成一本书，这就是《马可·波罗游记》。在这本游记里，马可·波罗对中国的著名城市都做了详细的介绍，而且极力称颂中国的富庶和文明。这本书一出版，激起了欧洲人对中国和东方文明的向往。自那以后，中国和欧洲人、阿拉伯人之间的往来更加密切。

马可·波罗一行人回到威尼斯后，当地人见他们穿着东方的服装，而且带回许多中国的珍珠、宝石，都非常惊奇羡慕。

□ 女纺织家黄道婆

黄道婆是元初劳动人民出身的女纺织家。据说，黄道婆小时候被卖给人家当童养媳。由于不堪忍受封建家庭的虐待，她勇敢地逃出了家门，坐船来到崖州（今海南三亚西北）。

海南岛是我国少数民族黎族人民聚居的地方，黎族人民很早就种植棉花，并掌握了很高的纺织技术。黄道婆到了海南以后，虚心向黎族人民学习。她在当地生活了二十多年，把黎族同胞精湛的纺织技术完全学到了手。

黄道婆在海南生活的那些年，虽然吃穿不愁，但她无时无刻不在想念自己的家乡。元朝元贞年间（1295～1296年），她带着黎族人民创造的先进纺织工具和技术，依依不舍地告别了黎族同胞，乘船回到了阔别多年的家乡——松江乌泥泾镇。

黄道婆重回故乡的时候，植棉业已经在长江流域大大普及，但是纺织技术还很落后。黄道婆根据自己几十年丰富的纺织经验，与当地群众一起，对当地落后的纺织技术和工具作了大胆改革。经过黄道婆改进推广的"擀、弹、纺、织之具"，在当时具有极大的优越性。

脱棉籽是棉纺织过程中的一道难关，由于棉籽粘生于棉桃内部，很不好剥，以致原棉常常积压在脱棉籽这道工序上。黄道婆推广了轧棉的搅车之后，工效大为提

·元朝的纺织业·

元朝是中国纺织业发展的重要阶段。棉花种植的普及，改变了传统以麻布为主要衣着原料的习惯。棉织业的兴起，带来了一整套创新的设备和技术。丝织业虽然因为棉织业发达而有所衰退，但技术依然有进步。元朝在苏州平桥南设立织造局，开创了元、明、清三朝在江南设置织造局的先例。

高。在弹棉设备方面，黄道婆推广了四尺长、装细绳的大弹弓，而且还用檀木做的椎子击弦弹棉。与以前用手指弹拨的小竹弓相比，这样做不仅提高了效率，还使弹出的棉花均匀细致，不留杂质，提高了纱线的质量。

黄道婆的改革最关键的还是纺车的改进，她创制的纺车是可以同时纺三根纱的脚踏纺车，比以前使用的一个纺锭的手摇车速度快、效率高。此外，黄道婆还改进和提高了整丝和织布工艺的质量，使当地人民能用纱线织出各种色彩的棉布，其绚丽灿烂的程度能与丝绸相媲美。

黄道婆死后，新的纺织技术从乌泥泾进一步向松江、长江中下游，甚至向全国推广开来。到了明代，乌泥泾所在的松江，已经成为全国的棉纺织业中心，赢得了"衣被天下"的美誉。

黄道婆回到故乡后，努力革新棉纺织技术。

□ 王冕学画

王冕字元章，浙江诸暨人，既是元末文坛极具影响力的诗人，又是画坛上以画墨梅开创写意新风的花鸟画家。据说王冕周岁就会说话，三岁就能对答自如，到五六岁时，认知能力要比一般儿童高，八岁入学，成绩优良，人们大为惊奇，把他视为神童，称赞他为"千里马"。

王冕七岁的时候，父亲去世了，母亲靠做针线活供他到村学堂里去读书，生活非常困难。后来王冕不得不辍学替别人放牛，但他依然坚持勤奋读书。平时母亲给他的零钱，他都攒起来，到村子里的学堂里买几本旧书，一边放牛一边学习。

有一年的黄梅季节，一阵大雨过后，王冕出去放牛。乌云渐渐散去，透出温暖的日光来，照耀得满湖通红。湖边山上、树枝上都像水洗过一番似的，绿得可爱。他坐在草地上，只见湖里有十几朵荷花，花苞上清水滴滴，荷叶上水珠滚来滚去。王冕看着这美丽的景色，心里想："古人说'人在画中'，真是一点不错。可惜这里没有一个画师，不然也好把这美景画下来。"可是转念又一想："天下没有学不会的事，我为什么不能自己学着画画呢？"

于是，王冕托人到城里买了一些画画用的东西，开始学画荷花。一开始，他画得不好，但是他毫不气馁，天天练习，坚持不懈。练了三个月之后，他画的荷花就已经像从湖里刚摘下来的那样栩栩如生了。当时绍兴城里有个老先生，听说王冕如此好学，就收王冕为弟子，教他读书。王冕到二十岁的时候，已经把许多天文、地理、历史的书籍和经书读得滚瓜烂熟。而且，他的绘画技艺也更加纯熟，尤其喜欢画梅，尤以墨梅闻名。

王冕长大后，科举不中，便回乡归隐，以卖画为生。王冕行事异于常人，经常头戴高檐帽，脚穿木齿屐，手持木制剑，引吭高歌，来往于市中，人们都把他看做狂生。

曾有人想推荐王冕做官，王冕回答："我有田可耕，有书可读，为什么要早晚抱着公文站在庭下供人驱使呢？"王冕宁愿以耕作卖画度日，也不愿奔走豪门乞食，充分表现了一个艺术家的坚贞高洁的情操。

雨后池塘的美景促使王冕萌生了学画的念头。

□ 南坡之变

1320年，元仁宗爱育黎拔力八达去世，太子硕德八剌即位，是为英宗。英宗奉皇太后之命，让铁木迭儿担任中书右丞相。铁木迭儿大权在握之后，开始大规模铲除政敌，同时提拔自己的亲信，在朝中为所欲为。

英宗对铁木迭儿非常不满，一面和太后、铁木迭儿周旋，一面暗暗积蓄自己的力量。到了1322年铁木迭儿和皇太后死后，英宗掌握大权，立刻升任拜住为中书右丞相，开始着手革除弊政，推行新政。

新政的主要内容有减轻赋役，重农抑商，裁减冗官，启用儒臣等。英宗诏示天下，凡流民重操旧业者，豁免三年赋税；驿站户因贫苦而典卖妻子者，官府出钱为之赎还；凡有劳役先征发商贾富贵之家，以扶植农业；减免陕甘地区的赋税。同时英宗还下令裁减世祖以后设置的冗官，并根据拜住的建议，启用了一批"有德老儒"。在法令方面颁行了《大元通制》，还规定实行助役法，派使节考察各地税籍，划出若干亩田地，让应该服役的人轮流耕种，然后再用这些田地的收成作为雇人服役的费用。

英宗在实行新政的时候，同时还处理了铁木迭儿专权乱政的罪行，处死了铁木迭儿之子、宣徽院使八思吉思，罢免了铁木迭儿的另一个儿子知院旺丹，追夺铁木迭儿的一切官爵，抄没其家产，并将其罪状公布于天下。

这些举动使铁木迭儿余党惊恐不安，而新政又不可避免地触犯了他们的利益。于是，铁木迭儿的义子——禁卫军将领铁失等人阴谋发动政变。

1323年八月初，铁失派人前往土拉去见漠北的晋王也孙铁木儿，告诉他政变的计划，并说若能成功将拥戴也孙铁木儿为帝。

同年八月五日，英宗从上都（今内蒙古锡林郭勒盟正蓝旗北）起驾南返大都，驻扎在离城三十里的南坡。铁失等以阿速卫亲军为外应，发动政变，闯入皇帝行帐，杀害了英宗和拜住等人。铁失等当夜前往大都，收封省部印信，遣使者奉玉玺至漠北晋王镇所。九月，也孙铁木儿在漠北即位，次年改元泰定。这一事件，史称"南坡之变"。

铁失等人发动政变，将英宗及拜住杀死在行帐中。

□ 皇室内乱

1328年，元泰定帝去世，皇室内部为争夺王位，又爆发了内乱。

泰定帝死后，大臣燕铁木儿拥武宗次子图帖睦尔在大都称帝，是为文宗。图帖睦尔即位不久，左丞相倒刺沙在上都又拥立泰定帝的儿子阿速吉八为帝，称天顺帝，并且派兵分路进犯大都。上都与大都形成了两个皇帝并立的对峙局面，两地的蒙古宗王大臣，各拥一帝，展开了激烈的斗争。

为了支持倒刺沙，辽东的秃满迭儿率兵到达蓟州（今天津蓟县），梁王王禅等人也随后攻破了居庸关。燕铁木儿命令大军到榆河关，与王禅的前军在榆河关北边交战，结果打了胜仗，一直把天顺帝的军队追到红桥北边。于是，两军便在河两边摆开阵势，让弓弩手互相射箭攻击。而后，两军在白浮（今北京昌平区东北）之野又展开一场大战。燕铁木儿一连杀死天顺军七名将领。当天晚上，他又派人偷袭敌军大营，天顺军人马死伤无数。

同年十月，燕铁木儿派齐王月鲁铁木儿、元帅不花铁木儿带兵围攻上都，倒刺沙迫不得已出城投降，但是天顺帝阿速吉八却不知所踪。这时，秃满迭儿等人已经带兵攻占了通州，马上就要逼近京城大都了。燕铁木儿急忙带兵赶回，趁秃满迭儿军刚刚来到，立足不稳，发动突然袭击。秃满迭儿军没有防备，再次溃败。

此时，上都诸王呼剌台等人领兵进入紫荆关，进逼涿州。到了良乡，天顺军陆陆续续打了几仗，又转战至卢沟桥。因为呼剌台受了伤，所以在桥边宿营。燕铁木儿带着兵将沿着北山向西而行，昼夜兼程，赶到了卢沟桥。呼剌台一听说燕铁木儿来了，马上向西逃跑。

这时，秃满迭儿军又进入古北口，燕铁木儿在檀州（今北京密云）将他再次打败。东路的蒙古万户哈剌那怀带着万余人投降，其他的兵士都四散而逃。秃满迭儿最后逃回了辽东地区。元朝的皇室内乱暂时告一段落。

燕铁木儿与王禅的军队据河摆开阵势。

□ 贾鲁修复黄河

贾鲁字友恒，河东高平（今山西高平）人。他自幼就树立了远大志向，希望为天下人做一件大事。

南宋时，东京留守杜充为阻止金兵南侵而掘开黄河，河水长期多股分流，汇入淮河，夺淮入海。由于黄河流路散乱，因此淤积严重。到了元代，黄河水患更加频繁了。

贾鲁中举之后，受命为行都水监使，负责治理黄河。他常常沿河道实地考察，取得治河第一手资料，并向朝廷进献绘图报告，提出治河方案。尽管他的方案未被采纳，但他对河患严重性的认识促使他更加坚定了自己的治河主张。

至正十一年（1351年），贾鲁五十五岁时，正式出任工部尚书兼总治河防使，指挥十五万民夫和二万士兵，开始了黄河治理史上著名的"贾鲁治河"工程。

贾鲁决定先治理白茅堤（今山东曹县）决口以下的黄河旧道，再堵塞白茅堤决口。这是因为治理旧道的工程量很大，要浚深展宽河床、截弯取直、修建堤防等，只有在堵口之前，在河床干涸的情况下，最便于施工。疏浚工程进行得非常顺利。

在堵塞黄河决口的过程中，由于口大水急，贾鲁博采众议，采用沉船法堵口。他将二十七条大船逆流排列，用大麻绳连在一起固定于决口处；在船上装满大石头；然后挑选水性好的民夫，每艘船上两人，手持斧凿分别站在船首和船尾。只听岸上击鼓声为号，船上的民夫同时把船凿沉以堵塞决口。在

贾鲁沉着镇定的指挥下，合龙一次成功，创造了汛期堵口的奇迹。当年十一月，全部工程竣工。贾鲁先后疏浚黄河故道二百八十余里，修筑堤防七百多里，堵塞治理大小决口一百多处。

贾鲁在治河工程中做出了重大贡献。但是由于他施工过急，强制民夫及士兵们夜以继日地劳作，使这次治河工程成为元末农民大起义的导火线，也受到了一些非议。但无论如何，贾鲁修复黄河的功绩是不容否认的。

贾鲁采用沉船法堵塞决口，使决口顺利合龙。

□ 一只眼的石人

元朝末年，皇室内部斗争十分激烈，政治也越来越腐败，人民灾难深重。1351年，白茅堤附近的黄河决口，又碰上接连下了二十多天大雨，洪水泛滥，两岸百姓遭受严重水灾。在贾鲁的建议下，朝廷征发民夫十五万，调集兵士两万，前去开挖河道，堵塞决口。

修河工程开始了，民夫们在烈日暴雨下被迫日日夜夜没命地干活，可是朝廷拨下来的开河经费，却让治河的官吏克扣去了。修河的民工连饭也吃不饱，怨声载道。

不知道什么时候，工地上开始流传一支民谣："石人一只眼，挑动黄河天下反。"民夫们不懂这歌谣是什么意思。有一天，几个民夫忽然挖出一尊石人来。大家聚拢来一瞧，见石人脸上只有一只眼，不禁呆住了。这件新鲜事很快在十几万民夫中传开，大家心里都在想，民谣说的真的应验了，天下造反的日子到了。

原来这一切都是一个叫韩山童的农民安排的。韩山童的祖父是当时一个秘密宗教组织——白莲会的成员，曾经利用传教的形式，暗地组织农民反抗元朝，后被官府发现，捉住充军了。韩山童长大后继续组织白莲会，聚集了不少受苦受难的农民。韩山童对他们说，现在天下大乱，佛祖将要派弥勒佛下凡，拯救百姓。这一次韩山童正好抓住修河道的机会，利用一只眼的石人和民谣，鼓动百姓造反。

韩山童有个伙伴叫刘福通，他建议韩山童打起恢复宋朝的旗帜，这样拥护的人就会更多。韩山童就跟大家说，他本来不姓韩，而是姓赵，是宋徽宗的第八代孙子；刘福通也是南宋大将刘光世的后代。百姓听了，更加相信和拥护他们了。

于是，韩山童、刘福通挑选了日子，聚集了一批人，祭告天地。大家推韩山童做领袖，号称"明王"，并约定日子，在颍州颍上（今安徽阜阳、颍上）起义，用红巾裹头作为标记。就在歃血立誓的时候，有人走漏了消息，官府派兵士抓走了韩山童，刘福通逃出包围，继续起义。

几个河工挖出一座只有一只眼睛的石人来。

□ 红巾军起义

刘福通带领的红巾军所到之处，开仓散米，赈济贫农，深得人民拥护。群众纷纷加入红巾军，队伍迅速扩大到几十万人。全国各地的农民也纷起响应，又出现多支红巾军。声势较大的有湖北的徐寿辉、高邮的张士诚等领导的起义军。

元王朝见红巾军声势浩大，吓慌了神，赶忙调动了六千名色目人组成的阿速军和几支汉军，镇压红巾军。阿速军本来是一支精锐队伍，但是到了元朝末年，军队已经十分腐败，将领们只知道喝酒享乐，兵士们到处抢劫，他们一碰上红巾军，还没交锋，就四散逃窜。不到一个月，红巾军就攻下了数座城池。

1354年，元顺帝派丞相脱脱集中了诸王和各省人马，动用了西域、西番的兵力，号称百万，围攻已经占领了高邮的张士诚起义军。高邮城被围得水泄不通，起义军面临危亡。这时候，元王朝突然发生内乱，元顺帝下令撤掉脱脱的官爵。百万元军失去了统帅，顿时不战自乱，全军崩溃。元军溃散以后，刘福通的北方起义军趁机出击，大破元军。

1355年农历二月，刘福通把韩山童的儿子韩林儿接到亳州（今安徽亳州）正式称帝，国号为宋，年号为龙凤。韩林儿被称为小明王。

韩林儿、刘福通在亳州建立政权以后，分兵三路，出师北伐。其中西路军由李武、崔德率领，进攻陕西、甘肃、宁夏、四川；东路军由毛贵率领，从山东、河北，直逼元朝京城大都；中路军由关先生、破头潘等率领，从山西打到辽东，配合东路军攻打大都。三路北伐军都取得很大的进展。毛贵的东路军一直打到元大都城下。刘福通亲自率领大军攻占了汴梁，定为都城。而后元王朝纠集地主武装加紧镇压，三路北伐军先后失利，汴梁又落在元军手里。元王朝又用高官厚禄招降了张士诚，刘福通保护小明王逃到安丰（今安徽寿县）后，遭到张士诚的袭击。1363年，刘福通在战斗中牺牲。

北方红巾起义军经过十二年的战斗，最终失败了。但是这次起义对元朝的统治造成致命的打击，元朝的覆亡已为时不远了。

刘福通领导下的红巾军势力不断壮大，迎击元军，势如破竹。

第四章

Part 生

明清兴衰

　　明清时代是封建社会由盛而衰的时代。明朝建立后推行加强中央集权的政策，使君权扩大到前所未有的程度。清朝是中国最后一个封建王朝，它承袭明制，继续强化专制中央集权体制。清朝末期，随着西方殖民者的到来，中国逐渐沦为半殖民地半封建社会。明清两朝虽然出现过强盛繁荣的局面，但封建帝制实际已经日趋僵化，社会发展渐渐失去了活力和创造力，走向了封闭和落后。这一时期文学艺术的发展取得了非常辉煌的成就，但是在自然科学方面则几乎没有太大进步。明清时期世界形势发生了巨大变化，这种转变也深刻地影响了中国历史的发展进程。

□ 布衣皇帝朱元璋

朱元璋的父亲是濠州钟离（今安徽凤阳东）的一个贫苦农民。朱元璋十七岁那年，淮北地方闹了一场严重的旱灾和蝗灾，接着又蔓延瘟疫。朱元璋的父亲、母亲和大哥接连染上疫病，都去世了。为了混口饭吃，朱元璋到附近的黄觉寺出家当了和尚。在寺庙里，朱元璋就像个佣人一样，每天起早摸黑，扫地，上香，敲钟，做饭，日子过得很苦。

后来，刘福通带领红巾军反抗元朝统治，据守在濠州（今安徽凤阳）的郭子兴领导的红巾军也在日益壮大。朱元璋加入了郭子兴的起义军。朱元璋打仗非常勇敢，无论遇到什么样的强敌，都奋不顾身冲在前面，加上又识得一些文字，就格外受到郭子兴的器重。打仗时，郭子兴总让朱元璋伴随他左右。没多久，朱元璋就成为军中的重要将领。郭氏夫妇看到朱元璋人才出众，对反元大业很有帮助，就把二十一岁的养女马氏嫁给了朱元璋。

1355年，郭子兴去世，朱元璋发现起义军的几个将帅胸襟狭窄，不成气候，就回到老家，开始招兵买马，另起门户。他少年时候的伙伴徐达、汤和，听说朱元璋做了红巾军的将领，都来投奔。不到十天，朱元璋就招募了七百人。后来，他们又袭击元军，招降了一批人。

朱元璋得到大批生力军后，便着手整顿纪律，加紧训练，把这支军队训练成了一支战斗力很强的队伍。1356年，朱元璋率领大军大破元朝水军，渡江攻破集庆（今江苏南京），招降了集庆五十多万军民。进入集庆后，朱元璋把集庆改名应天府。朱元璋利用元朝军队主力和小明王作战的机会，向南面和东南的元军主力进攻。在打下徽州时，朱元璋采纳了老儒朱升"高筑墙，广积粮，缓称王"的建议，命令军队自己动手生产，兴修水利，一时兵强粮足。而后，朱元璋又分别在1363年和1367年消灭了南方最大的割据势力陈友谅以及张士诚。1368年，他封徐达为征房大将军，常遇春为副将军，率领二十五万大军北伐。过了两个月，徐达的军队旗开得胜，占领了山东。这一年，朱元璋在应天府即位称皇帝，国号为明，是为明太祖。

同年，明军乘胜进军，元兵节节败退。七月，徐达率领大军直捣大都，元顺帝逃往上都。统治中国九十七年的元王朝终于被推翻。

朱元璋率军围困鄱阳湖内的陈友谅时，采用了火攻的方法，大获全胜。

□ 刘伯温求雨

明太祖在统一战争中，依靠了一批英勇善战的将领争城夺地，又吸收了一些谋士，刘基是其中最著名的一个。

刘基又叫刘伯温，本来是元朝的官员，因为对元朝的政治腐败不满意，常常写点文章，讽刺时事，后来被解职，回到他的家乡青田（今浙江青田县）。朱元璋的军队打到浙东的时候，把刘基请了出来，当他的谋士。在打败陈友谅、张士诚的战争中，刘基出了不少计策。由于他足智多谋，很得明太祖的信任。明太祖把他比做西汉初年的张良。

早在朱元璋当吴王的时候，江南发生了一场旱灾。刘基掌管天文，朱元璋问他为什么会发生大旱，怎样才能求上天下雨。刘基说："天一直不下雨，是因为牢狱里关押的人有冤情。"朱元璋信了刘基的话，派他去查牢狱里关押的犯人的情况。刘基一查，果然有不少冤案。他向朱元璋奏明后，平反了冤案，把错抓的人放了。

其实，这只是因为刘基懂得天文，观测到气象要发生变化，于是就借这个机会劝谏朱元璋平反冤案。果然不出几天，天空就下了一场透雨。刘基趁朱元璋高兴的时候，又劝他制定法律，依法办事，防止错杀无辜。

又有一次，京城遇上大旱，明太祖十分着急。刘基乘机对明太祖说："战争中死亡的将士，他们的妻子需要抚恤；一些在筑城过程中死亡的工匠，尸骨还暴露在田野上没人收埋。把这些事办了，说不定就能下雨。"明太祖求雨心切，马上批准了刘基的要求。但这一次，刘基的预测不准，过了十天，还是烈日当空。明太祖为此很生气。刘基也感到害怕，正好他的妻子在家乡得病死去，他便请假回老家了。

后来，刘基回到家乡青田，过起了隐居生活，但仍很关心朝廷的政事。一次，明太祖派人到青田向刘基问天象吉凶。刘基说："冬天刚下过严霜冻雪，接下来便是阳春季节。现在国家已经安定，希望陛下施政宽和一点。"

刘基在任时悉心辅佐朱元璋，为朱氏大明王朝的建立作出了不可磨灭的贡献。

刘基借求雨之机，
奏请明太祖调查冤案。

胡惟庸案

明太祖朱元璋即位以后，实行休养生息的政策，社会经济有了较大的发展，新建立的明王朝统治也很快巩固下来。

但是明太祖对朝廷大臣很不放心。他设立了一个叫做"锦衣卫"的特务机构，专门监视、侦察大臣的活动。明太祖对待官员也极其严酷，经常责打大臣。上朝的时候谁惹他发了火，谁就会在朝廷上被按在地上打板子，叫做"廷杖"。有的大臣甚至被当场打死。

胡惟庸是安徽定远人，早年随朱元璋起兵，颇受宠信，后升左丞相，位居百官之首。随着权势的不断增大，胡惟庸日益骄横跋扈。他曾谋害徐达，借探病之机毒死刘伯温，并培植私党，擅权营私。胡惟庸做了七年丞相，许多功臣宿将都聚集在他的门下，朝廷上官员升降等重大事情，有时他也不向明太祖请示，就擅自做主。明太祖感到大权旁落，很不放心。再加上太子朱标生性软弱，明太祖担心自己死后胡惟庸会乘机作乱，就决定在生前解决这个问题。1380年，胡惟庸被告发叛国谋反，明太祖立刻把胡惟庸满门抄斩，还追究他的同党。这一追究，竟株连了文武官员三万多人。明太祖就把那些有胡党嫌疑的人全杀了。

学士宋濂在明朝开国初期跟刘伯温一起受明太祖重用，后来又当过太子的老师。胡惟庸案发生后，宋濂的孙子宋慎也被揭发是胡党，于是株连到宋濂。明太祖派锦衣卫把宋濂从金华老家抓到京城，要把他处死。后来马皇后求情，明太祖才下令赦免宋濂死罪，改罚充军茂州（今四川茂县）。

过了十年，又有人告发左丞相李善长和胡惟庸往来密切，明知胡惟庸谋反不检举揭发，采取观望态度，犯了大逆不道的罪。李善长是第一号开国功臣，又是明太祖的亲家。可是明太祖还是毫不犹豫地把李善长和他全家七十几口全部处死。

自从胡惟庸案发生以后，明太祖觉得把军政大权交给大臣不放心，就取消了丞相职位，由皇帝直接管辖吏部、户部、礼部、兵部、刑部、工部六个部的尚书；又把掌握军权的大都督府废了，改设左、右、中、前、后五个都督府，分别训练兵士，需要打仗的时候，由皇帝直接发布命令。这样一来，明朝皇帝的权力就大大集中和加强了。

胡惟庸案将许多无辜的人牵扯进去，冤狱规模空前。

□ 靖难之役

　　明太祖有许多儿子，其中第四子朱棣为人阴鸷老辣，很像明太祖。明太祖为了巩固朱家天下，就把儿子分封到各地为王。后来，太子朱标死了，朱元璋本想立朱棣为太子，但有很多大臣都反对。于是朱元璋就立朱标的儿子朱允炆为皇太孙。

　　各地的藩王大多是朱允炆的叔父，眼看皇位继承权落到侄儿手里，心里很不舒服。特别是燕王朱棣，他带兵驻守北平（今北京），屡立战功，对朱允炆更不服气。

　　1398年，明太祖去世，朱允炆即位，就是明惠帝，历史上又叫建文帝。当时京城里有谣传，说几位藩王正在互相串联，准备谋反。建文帝听到这个消息非常担忧，于是他在大臣黄子澄等人的建议下，先后削去了几个藩王的王位。燕王得到消息，就把王府里充当建文帝内应的官员全抓起来，宣布起兵。燕王知道公开反叛对自己不利，就借口说要帮助建文帝除掉奸臣黄子澄。历史上把这场内战叫做"靖难

（平定内患）之役"。

　　燕王本来就有带兵打仗的经验，而且手下又有一支经过训练的精兵。他起兵南下，很快攻下了一些据点。1402年，燕军在淮北遇到朝廷派出的南军，战斗十分激烈。有些燕军将领主张暂时撤兵，燕王坚决地说："这次进军，只能进，不能退！"没多久，燕军截断南军运粮的通道，发起突然袭击，南军一败涂地。

　　燕军势如破竹，于1402年农历六月进军到应天府城下。建文帝见形势紧急，一面要将士拼死守城，一面派人向燕王求和，请求燕王退兵。但燕王拒绝退兵。

　　过了几天，守卫京城的大将李景隆打开城门投降。燕王带兵进城，只见皇宫燃起熊熊大火。燕王派兵把大火扑灭后，查问建文帝的下落。有人报告说，燕兵进城之前，建文帝下令放火烧宫，本人却不知去向。

　　这一年，燕王朱棣即位，改年号"永乐"，是为明成祖。

燕王朱棣把王府里充当建文帝内应的大臣全部抓获，宣布起兵。

□ 方孝孺至死不屈

方孝孺是明朝著名的大臣和学者，他是建文帝最亲近的大臣，并视建文帝为知遇之君，忠心不二。都城应天陷落后，方孝孺闭门不出，日日为建文帝穿丧服啼哭。为此，新即位的明成祖朱棣很生气，想杀了他。

这时，明成祖的第一谋士姚广孝跪求明成祖不要杀方孝孺，他说："如果把方孝孺杀了，天下读书人的种子就绝了。"明成祖答应了他，暂时没有杀方孝孺。

由于方孝孺在读书人中威望很高，燕王朱棣打算在称帝的时候，让方孝孺来起草即位诏书。方孝孺不肯来，朱棣便派人强迫他来见自己。无奈之下，方孝孺便穿着丧服来见明成祖，并当庭大哭。

朱棣走下殿来跟他说："先生不要这样，其实我只是效法周公辅弼成王来的。"

方孝孺反问："成王在哪里呢？"朱棣答："已经自焚了。"

方孝孺问："那么，为什么不立成王的儿子当皇帝呢？"朱棣道："国家还是依靠长者嘛。"

方孝孺说："那么，为什么不立成王的弟弟为帝呢？"朱棣有点生气，说："这是我的家事，先生就不要说了！"并让人把笔拿给方孝孺，说："此事非先生不可！"

方孝孺执笔写下"燕贼篡位"几个字，把笔扔到

地上，边哭边骂："死了我也不为你写诏书。"

朱棣大怒道："你不怕我杀你九族？"方孝孺愤然作答："杀我十族又能怎么样！"于是骂得更厉害了。

朱棣气急败坏，一面将方孝孺关到监狱，一面搜捕他的家属，当着方孝孺的面一个一个地杀。方孝孺强忍悲痛，始终不屈。最终，朱棣在九族之上又加一族，连他的学生朋友也因此受牵连。这就是亘古未有的"灭十族"，总计八百七十三人被凌迟处死，入狱及充军流放者达数千。

方孝孺不为朱棣写诏书，只是写下了"燕贼篡位"几个字。

□ 永乐迁都

"靖难之役"后，有大臣对朱棣说："北平是圣上龙兴之地，山峦起伏，呈虎踞龙盘之势，可以用来制控四夷，平定天下，是帝王之都啊。"他建议迁都北平。北平是朱棣兴王之地，他在此经营三十多年，统治比较稳定。另外，北平处于北方农业区与牧区接壤处，交通便利，形势险要，是汉蒙各族贸易的中心以及北方政治与军事要地，定都于此不仅可抗击自北入侵的蒙古人，还可进一步控制东北地区，有利于维护全国统一。

永乐四年（1406年），朱棣下诏兴建北平宫殿，次年正式开始修建北平城。朝廷调集了工匠三十万人，民夫近百万，云集北平。这个工程十分浩大，所有的建筑材料来自全国各地。其中木材来自湖广、江西、山西等省；汉白玉石料来自北平房山；五色虎皮石来自蓟县的盘山；花岗石采自曲阳县；宫殿内墁地的方砖烧制在苏州；砌墙用砖是山东临清所烧；宫殿墙壁所用的红色颜料产自山东鲁山，加工在博山；室内墙壁上的杏黄色颜料则产自河北宣化的烟筒山。

> · 《永乐大典》·
>
> 《永乐大典》是明代官修的大型综合类书。始纂于永乐元年（1403年），永乐五年（1407年）完成，主编为解缙、姚广孝等。成祖朱棣赐书名为《永乐大典》，并亲撰序言。《永乐大典》装订为一万一千零九十五册，深藏在故宫内的文楼里。它保存了明代以前大量的哲学、历史、地理、语言、文学、艺术、宗教、科技等方面丰富而可贵的资料。

为了方便南粮北运，1411年朱棣又命令工部尚书等官员主持疏通会通河，使得运河水量大大增加，接着又成功地整治运河淮南段。从此，运河的运输能力大为提高，漕运在南北运输中开始起主导作用，海运逐渐罢废。

1420年，建都的工程竣工。第二年，迁都的准备都已经做好，朱棣及文武百官正式迁都北平，并改北平为北京。新京城以皇宫为中心，以前门、午门、景山、钟楼为中轴线，官衙、民居、商铺分布四周，通衢宽广，街巷整齐，气势雄伟，体现了中国传统的城市建筑思想，是建筑史上的杰作。

明成祖即位前在北平镇守过数十年，对那里感情深厚，称帝后便在那里大兴土木，为迁都做准备。

□ 郑和下西洋

明成祖为了把大明王朝的影响扩大到中国以外的国家去，就派遣郑和出使西洋。

郑和原来姓马，小名叫三保，出生在云南一个回族家庭里。他的祖父、父亲都信奉伊斯兰教，还去过麦加朝圣。郑和小时候就从父亲那里听说过外国的一些情况。后来，他进宫当了太监，因为聪明能干，得到明成祖的信任。"郑和"这个名字就是明成祖给他起的。

1405年农历六月，明成祖正式派郑和为使者，带一支船队出使"西洋"。那时候，人们所称的"西洋"并不是指欧洲大陆，而是指我国南海以西的海洋和沿海各地。郑和的船队一共有两万七千八百多人，分别乘坐六十二艘大船。船队从苏州刘家港（今江苏太仓）出发，经过福建沿海，浩浩荡荡，扬帆南下。

郑和第一次出海，先到了占城（在今越南南方），接着又到爪哇、旧港（在今印度尼西亚苏门答腊岛东南岸）、苏门答腊、满剌加、古里、锡兰等国家。他带着大批金银财物，每到一个国家，就把带去的礼物送给他们，希望同他们友好交往。

许多国家的君主见郑和带了那么大的船队，而且态度友好，都热情地接待了他。

郑和这一次出使，一直到1407年才回国。西洋各国国王也都派了使者，带着礼物，跟着他一起回访。回到京城，各国的使者都拜见了明成祖，送上大批珍贵的礼物。明成祖见郑和把出使的任务完成得很出色，非常高兴。

从那以后，明成祖一次又一次派郑和带领船队下西洋。从1405年到1433年的将近三十年里，郑和出海七次，前前后后一共到过印度洋沿海三十多个国家，为发展中国与亚、非国家间政治、经济和文化上的友好关系做出了贡献。

郑和先后七次远航西洋，将中华文明远播海外。

□ 土木堡之变

明英宗即位后，宦官的权力渐渐膨胀。宦官王振很受英宗宠信，当上了司礼监，帮助明英宗批阅奏章。明英宗一味追求玩乐，根本不问国事。王振乘机把朝廷军政大权抓在了手里。

这个时候，北方蒙古族的瓦剌部渐渐强大起来。1449年农历七月，瓦剌首领也先以向明朝请求和亲被拒为借口，率领瓦剌骑兵进攻大同。驻守大同的明将出兵抵抗，却被瓦剌军打得大败。

边境的官员向朝廷告急，明英宗慌忙召集大臣商量怎么对付。王振怕他在大同附近的财产被瓦剌军侵占，竭力主张英宗带兵亲征。而兵部尚书邝埜和侍郎于谦认为没有准备充分，劝英宗不要去。但明英宗向来对王振言听计从，于是决定亲征。

明英宗派他的弟弟郕王朱祁钰和于谦留守北京，自己跟王振、邝埜等官员带领五十万大军向大同赶去。这次出兵，本来就没有准备，一路上又遇到狂风暴雨，没有走几天粮食就接济不上了。到了八月，明军前锋在大同城边被瓦剌军杀得纷纷溃退下来。王振感到情况危急，下令退兵回北京，但为时已晚，瓦剌的追兵已经赶上了明军。明军一面抵抗，一面败退，一直退到土木堡（今河北怀来东）。但是土木堡没有水源，明军兵士又累又渴，叫苦连天。

第二天一早，瓦剌大军就赶到了土木堡，把明军紧紧包围起来。明英宗派人向也先求和。也先假装答应议和，却趁明军没有防备的时候突然杀出，明军死伤不计其数。明英宗和王振带着一批禁军，几次想突围都没冲出去。这时，明军内部也乱了起来。禁军将领樊忠早就恨透了王振，一怒之下将他杀了。

明英宗眼看脱逃没有希望，只得投降。瓦剌兵将他俘虏。这一战中，随英宗出征的五十多名官员全部战死，五十万明军几乎全部覆没。历史上把这次事件称作"土木堡之变"。

明英宗偏偏听信宦官王振的话，轻率出兵，结果落了个被俘的下场。

□ 于谦保卫北京

1449年农历八月，明朝五十万大军在土木堡全线崩溃，京城里人心惶惶。皇太后宣布由郕王朱祁钰监国，并且召集大臣，商量如何对付瓦剌。有人建议逃到南方去，兵部侍郎于谦神情严肃地对皇太后和郕王说："谁主张逃跑，就应该砍头。京城是国家的根本，如果朝廷一撤出，大势就完了。大家难道忘掉了南宋的教训吗？"于谦的主张得到许多大臣的支持，太后决定派于谦负责指挥军民守城。

于谦字廷益，号节庵，钱塘（今浙江杭州）人，自小就有远大的志向。后来，他考中进士，做了几任地方官，因严格执法、廉洁奉公，升任兵部侍郎。

瓦剌首领也先俘虏了明英宗，但并没有把他杀死，而是挟持着他当人质，不断骚扰边境。于谦等大臣认为国家不可一日无主，便请太后下诏让郕王朱祁钰当皇帝，这就是明代宗，又叫景帝。

也先知道明朝决心抵抗瓦剌，就以送明英宗回朝为借口，大举进犯北京。1449年农历十月，瓦剌军打到北京城下，在西直门外扎下营寨。于谦分派将领带兵出城，在京城九门外摆开阵势。

于谦在城外把各路人马布置好后，亲自率领一支人马驻守在德胜门外，叫城里的守将把城门全部关闭起来，表示有进无退的决心。他还下了一道军令：将领上阵，丢了队伍带头后退的，就斩将领；兵士不听将领指挥，临阵脱逃的，由后队将士督斩。将士们被于谦勇敢坚定的精神感动了，士气振奋，斗志昂扬，下决心跟瓦剌军拼死战斗，保卫北京。这时候，各地的明军接到朝廷的命令，也陆续开到北京支援。城外的明军增加到二十二万人。

明军声势浩大，戒备森严，也先发动几次进攻，都遭到明军的奋勇阻击。经过五天的激战，瓦剌军死伤惨重。也先遭到严重损失，又怕退路被明军截断，不敢再战，就带着明英宗和残兵败将撤退。北京城保卫战取得了辉煌的胜利。

明英宗被俘，北京城告急，
于谦率领将士誓死坚守城池。

□ 夺门之变

也先率领瓦剌军在北京城下惨遭失败后，并不甘心，野心勃勃地企图卷土重来。景泰元年（1450年），也先又领兵与明朝展开激战，但再次被明朝军队挫败。军事上的屡次败退导致也先进犯明朝的实力大大减弱，加上明朝已另立皇帝，挟持英宗已失去了当初的意义。于是也先改变了对明朝的策略，送回了英宗，与明朝议和。

1450年，英宗返回北京，做了太上皇。景帝害怕英宗对自己的地位产生不良影响，便把迎回的哥哥送往南宫闲居，并派人专门守备，不准群臣去朝见，也不准英宗和大臣交往，以防止他们进行复辟活动。

景帝朱祁钰在位期间，重用贤臣，加强生产，使明朝的国势有所上升。1457年，明景帝身患重病，而原立皇太子朱见济已死，到底立谁为皇太子，大臣们又开始争论，意见无法一致。

武清侯石亨深知明景帝病体难以康复，认为如果把英宗朱祁镇从南宫接出来，让他重新做皇帝，自己就成了有功之臣，会得到不少好处，便召集了几个同党，与太监曹吉祥、太常卿许彬、副都御史徐有贞等人商量重新拥立朱祁镇复位之事。几个人一拍即合，于是开始暗中准备。曹吉祥秘密地去见了朱祁镇，把当时的情况和大家想拥立他复位的事情都详细说了一遍。朱祁镇万分高兴，随即与曹吉祥约定，事成之后一定会给他们高官厚禄。

1457年正月十七日凌晨，石亨、徐有贞等以四方边警为借口，急命手下带兵入城加强防备，接着便前往南宫迎接朱祁镇至奉天殿升帝座。徐有贞命手下的亲兵去敲景阳钟，钟声一响表示皇上上朝。文武百官来到殿上，一下子都愣住了。这时，徐有贞大喝

> **· 明十三陵的兴建 ·**
>
> 明十三陵位于今北京市昌平区天寿山麓，东、西、北三面环山，是世界上保存较为完整和埋葬皇帝最多的墓葬群。陵区面积约120平方千米。群山之内，各陵均依山面水而建，布局庄重和谐。明成祖朱棣的长陵建于明永乐七年（1409年），是陵区第一陵，位于天寿山主峰前。此后明朝营建的仁宗献陵、宣宗景陵、英宗裕陵、宪宗茂陵、孝宗泰陵、武宗康陵、世宗永陵、穆宗昭陵、神宗定陵、先宗庆陵、熹宗德陵等十一陵，分别坐落在长陵两侧山下。

一声："太上皇复位！"众人跪倒拜贺。

就这样，英宗朱祁镇于1457年正式复位，改年号为天顺，同时废景帝为郕王。没多久，郕王朱祁钰病逝。朱祁镇命徐有贞掌管机务，第二天随即，他将于谦等人逮捕入狱，全部杀害。这场宫廷政变被称为"夺门之变"，又称为"南宫复辟"。

在石亨、曹吉祥、徐有贞等人的策划下，英宗朱祁镇正式复位。

□ 大礼议之争

1521年，明武宗朱厚照死了，因为没有后嗣，其堂弟朱厚熜即位，是为世宗（1521~1566年在位）。因为朱厚熜是以亲王的身份入承大统，于是在朝中引起了著名的"大礼议"事件。

世宗的父亲受封兴献王，因他们那一脉是朱家的小宗，根据儒书的规定，小宗入继大宗，应以大宗为主。世宗虽不可能成为武宗的儿子，却必须作孝宗（朱厚照的父亲）的儿子，即所谓"继嗣不继统"。世宗应称伯父孝宗为父亲，应称孝宗的皇后为母亲，而改称自己的父亲为叔父，改称自己的母亲为叔母。但世宗继承堂兄的皇位后，决意推崇私亲，自立皇系，效仿朱元璋追尊四世先祖为皇帝的先例，追封自己的生父为明朝的正宗皇帝。

一时之间，朝中大臣分为两派，一派拥护追封，一派反对追封，双方引经据典展开激烈争论。新科进士张璁是个极善揣摩圣意的人，他向皇帝上奏章申明他的主张，说世宗是继承堂兄的帝位，不是继承伯父的帝位；是入继帝统，不是入继大宗。孝宗有自己的儿子，如果一定要大宗不绝的话，不应该为孝宗立后，而应该为武宗立后，所以世宗不应改变称呼。这就是与宰相杨廷和等人的主张针锋相对的"继统不继嗣"论。杨廷和得知后大怒，把张璁贬到了南京。此时恰巧宫中发生火灾，杨廷和乘机指出，这正是天老爷对违反礼教之徒的一种惩罚。世宗母子自问不能抗拒天意，只好遵照礼教行事。

在火灾的震撼平息后不久，世宗又坚持追封。杨廷和提出辞官，世宗立即批准，并把张璁召回北京。这时，朝中重臣在吏部尚书乔宇领导下，纷纷上奏章攻击张璁。刑部尚书赵鉴下令给他的部属，只要有一份奏章交下来查办，就逮捕张璁，不加询问，立即用廷杖拷死。世宗对这个计划有所风闻，所以不但不把奏章交下查办，反而擢升张璁为宰相。

1524年，世宗正式下令恢复旧称，伯父仍称伯父，父亲仍称父亲。于是包括各部尚书在内的朝廷重臣数百人，一齐集合在左顺门外，匍伏跪下，大喊朱元璋和朱佑樘的帝王称号。但世宗丝毫不为所动，而且下令逮捕官员一百三十四人，投入锦衣卫诏狱。第二天再补行逮捕九十余人，全部廷杖，其中十六位官员当场死在杖下。

此后，再无人敢在皇帝面前提到"统嗣之争"，这场荒唐的闹剧才算最终落下了帷幕。这场围绕继统和继嗣的礼仪形式所进行的政治论争，被称为"大礼议"之争。

明世宗下令逮捕朝廷重臣。

□ 庚戌之变

明世宗(1521年～1567年在位)年间，由于皇朝昏庸、奸臣弄权，朝野内外一片昏暗。这个时期，鞑靼部的俺答成为蒙古族最为强大的一支。但是由于蒙古的鞑靼、瓦剌各部，互不相属，各部之内又分成许多各自为政的小股势力，争夺激烈，就是俺答汗这样的雄者，也无法凝聚各部，形成真正可以问鼎中原的力量。所以，他们对明王朝存在畏惧心理，从而一直选择通贡互市之路。所谓通贡互市，就是蒙古族首领接受明王朝的封号，按规定向明王朝进奉贡物，然后由明王朝按贡品多少给予蒙古首领的酬赏。

1541年，俺答汗派遣使者石天爵向大同巡抚史道请求通贡，但没有被应许；第二年，俺答汗再次派石天爵等到大同求贡。当时巡抚已换为龙大有，龙大有竟将石天爵扣留献于朝廷，并胡说是用计诱擒的。明世宗信以为真，将石天爵斩首，把龙大有提拔为兵部右侍郎。1546年，俺答汗又派使者到大同左卫求贡，结果使者又被边将家丁董宝杀掉邀功。尽管如此，俺答汗仍未放弃通贡希望，在以后的几年中又曾一再地请求通贡，但都得不到允纳。

1550年，俺答汗率领鞑靼部大军南下进犯大同，总兵张达战死。在敌人兵临城下的严峻时刻，大同总兵仇鸾怯于敌人武力，居然用重金贿赂俺答汗，乞求俺答汗不要进攻大同。俺答汗受贿后，绕过大同，转而通过古北口进袭北京。明军在鞑靼军队的进攻下很快败退，鞑靼军直逼北京城下。

京城守兵，名为十四万人，其实因各级将领冒领领饷额虚报兵员，实有兵数不过五六万人。俺答汗前锋七百余骑，在京郊大肆杀掠。百姓逃涌京城，而京城却九门紧闭，百姓号哭之声震天。俺答汗兵临城下，大掠村落居民，焚烧庐舍，大火日夜不绝。世宗催促诸将出城作战，而严嵩等投降派却执行"饱将自去，惟坚壁为上"的失败主义方针，听任鞑靼兵在城四周滥肆掳掠，不敢出战。鞑靼兵围京城三天，在城外抢掠大量财物、牲畜及人口，后从古北口原路退回。历史上把这次俺答汗南下掳掠称为"庚戌之变"。

鞑靼在北京城外大肆掳掠。

□ 戚继光抗倭

明世宗的时候，有一批日本的海盗经常在东南沿海一带骚扰。他们和中国沿海的土豪、奸商勾结，到处抢掠财物，杀害百姓。历史上把这种海盗叫做"倭寇"。

1553年，倭寇集结了几百艘海船，在浙江、江苏沿海登陆，分成许多小股，抢掠了几十个城镇。倭寇侵略越来越严重，朝廷便把山东的将领戚继光调到浙江，抵御倭寇。

戚继光字元敬，山东东牟（今山东莱芜）人。其家族历代担任登州卫指挥佥事。他奉命来到浙江以后，发出招兵命令，马上有一批吃够倭寇侵扰之苦的农民、矿工自愿参军，还有一些愿意抗倭的地主武装也参加了进来。戚继光组织的新军很快发展到四千人。

戚继光是个精通兵法的将领，他根据南方沼泽地区的特点，研究了阵法，亲自教兵士使用各种长短武器。经过他的严格训练，这支新军的战斗力大大增强。

1561年，倭寇又袭击浙江台州一带。戚继光率领新军赶到台州，与倭寇交锋了九次，每战都取得胜利。最后，倭寇在陆地上站不住脚，被迫逃到海船上。戚继光又用大炮轰击。倭寇的船起了火，大批倭兵被烧死或掉到海里淹死，留在岸上的也只得乖乖投降。

倭寇见浙江防守严密，不敢再侵犯。1562年，他们又到福建沿海骚扰。戚继光亲率六千精兵援助闽地。到达那里后，他调查了倭寇老巢横屿（今福建宁德东北）的地形，得知那里的水道比较窄浅，当晚命令士兵每人带一捆干草，赶到横屿对岸，在落潮时让士兵将干草扔进水里。几千捆干草连叠在一起，竟铺出了一条路。戚家军踏着这条路，悄悄攻进倭寇大营。倭寇猝不及防，经过一场激战，岛上的两千多倭寇全部被歼灭。

此后，戚继光又率戚家军多次扫平福建海平卫（今兴化城东）的倭寇。1565年，戚继光与另一名抗倭名将俞大猷会师，共同歼灭了广东的倭寇。自此，困扰东南沿海几十年的倭患基本被肃清了。

戚继光练兵有方，最终荡平了东南沿海的倭患。

□ 张居正改革

1572年，明穆宗驾崩，年仅十岁的太子朱翊钧即位，是为明神宗。穆宗遗命由张居正等三个大臣辅政。

张居正牢记穆宗的嘱托，认真辅导神宗。他编了一本有图有文的历史故事书，叫做《帝鉴图说》，每天给神宗讲解。张居正对神宗的教育十分严格，神宗也把张居正当做严师看待，非常尊敬他。由于有太后和宦官冯保的支持，朝政大事几乎全部由张居正做主。

张居正是一个能干的政治家，他掌握实权以后，就大刀阔斧地进行了改革。

当时，黄河年久失修，河水泛滥，大批农田被淹，影响农业和运输。张居正任命专治水利的潘季驯督修黄河水利工程。潘季驯修筑堤防，堵塞决口，使运输通畅，农业生产得到恢复和发展。

张居正还下令丈量土地，经过清查，查出了一批被皇亲国戚、豪强地主兼并的土地。在丈量土地之后，张居正又把当时各种名目的赋税和劳役合并起来，折合银两征收，称为"一条鞭法"。经过这种税收改革，防止了一些官吏的营私舞弊，增加了国家的收入，也多少减轻了一点农民的负担。

张居正的大胆改革使十分腐败的明朝政治有了转机。但是这些改革触犯了一些豪门贵族的利益。他们表面不得不服从，背地里却对张居正恨之入骨。明神宗渐渐长大，但实权都掌握在张居正手里。神宗闲得没事干，内宫的太监就想出各种游戏给他取乐。张居正知道以后，把那些引诱神宗胡闹的太监全部赶走。太后还让张居正代神宗起草了"罪己诏"。从此，神宗对张居正渐渐感到不满。

1582年，张居正病死，明神宗开始亲政。他下令削去了张居正的官爵，而张居正推行的改革也全部被废止。

张居正像老师教学生一样，教导明神宗。

□ 李时珍著《本草纲目》

李时珍是蕲州（今湖北蕲春）人。他的祖父、父亲都当过医生。父亲李言闻对药草很有研究，李时珍从小受父亲的影响，常常跟小伙伴一起上山采集各种药草。日子一长，他便能认得各种草木的名称，还能知道什么草能治什么病，医药知识渐渐丰富起来。

但是那个时候，做一个普通医生是被上层社会看不起的。李时珍在父亲的督促下，于14岁那年考中秀才，但是以后参加乡试，三次都没有考中。别人都替他可惜，李时珍却并不因此失望，相反更坚定了做个替百姓治病的好医生的志愿。从那以后，李时珍一心一意跟父亲学医。有一年，他的家乡发生一场大水灾，水退后疫病流行，生病的都是没钱的老百姓。李时珍家境并不宽裕，但是穷人找他们看病，他们都悉心医治，不计报酬。老百姓都很感激他们，李时珍也由此坚定了从医的决心。

汉朝人曾写过一本《神农本草经》，以后一千多年间，又有许多新的医书涌现。李时珍为了研究医术，读了许多这样的古代医书。他的学问越来越丰富，医术也越来越高明了。

李时珍在长期的医疗工作和采集药物的过程中，得到了不少第一手的资料。他发现古代医书上有不少错误，而且经过那么多年，人们又陆续发现了许多古书上没有记载过的药草。他决心编写一本新的完备的药书。

为了更广泛地搜集医药资料，从1552年开始，李时珍在十几年里，踏遍了湖南、湖北、广东、广西、安徽、河北等许多地方。他采集了许多珍贵的药物标本，并向农民、猎户、樵夫、药农等形形色色的人请教，积累了丰富的第一手材料。经过二十七年的呕心沥血，1578年，已经61岁的李时珍终于写成了医药学巨著《本草纲目》。这本书共五十二卷，记载药物一千八百九十二种，还附有一千一百六十多幅插图，记录了一万多个药方，是中国古代记载药物最多、分类解释最为细致的医药学巨著，对中国乃至世界的医药学都产生了深远的影响。

李时珍游历了许多名山胜地，上山采集草药，研究各种草木的药性。

明代四大奇书

明代兴起的小说、戏曲和民间文学成为明代文学的主流，产生了很多优秀的作品。《三国演义》《水浒传》《西游记》和《金瓶梅》四本古典小说被称为明代"四大奇书"。所谓"奇"，不仅指它们的内容或艺术上的新奇，还包含着对它们所取得的创造性成就的肯定。

《三国演义》诞生于明初，作者罗贯中。全书的故事始于黄巾起义，止于西晋统一，展现了公元184～280年间的历史风云画卷。《三国演义》的结构以蜀汉矛盾为中心，以三国矛盾斗争为主线来展开情节，既保证了前后发展的连贯性，又富于曲折和变化，从而构成了一个古典小说中少见的、既宏伟又严密的结构。《三国演义》还为古典小说的人物画廊贡献了众多鲜明的形象，标志着中国古典小说人物塑造的新发展。

《水浒传》的作者是施耐庵。它是历史上第一部描写农民起义的小说。全书围绕"官逼民反"这一线索展开情节，表现了一群不堪暴政欺压的好汉揭竿而起，聚义水泊梁山，直至接受招安致使起义失败的全过程。对大量性格鲜明的英雄人物的成功塑造，是这部小说具有光辉艺术生命的重要因素。

《西游记》是经无数民间艺人和作者付出巨大劳动之后，于明朝中叶由吴承恩最后创作完成的。其故事取材于唐太宗贞观年间，僧人玄奘历尽艰难险阻，到印度取经的真实事迹。它是中国神话小说中最优秀的作品。浓郁的浪漫主义色彩是《西游记》的基本艺术特征。作者吴承恩在小说中幻想了一个超自然的世界，在这个世界里神话人物、神仙的神奇法宝和所处的环境又大多有现实的基础，同时在神奇的形态下体现了人们的某种意愿。

《金瓶梅》是我国第一部文人独创的长篇小说。它的成书大约在明代万历年间，作者署名兰陵笑笑生。全书以土豪恶霸西门庆发迹暴亡为中心情节线，多方面地描绘了上自封建最高统治机构，下至市井无赖所构成的一个鬼蜮世界。小说的结构颇为讲究，作者把复杂的故事情节组织得严整有序，地方风土人情描写也很生动，具有一定的民俗学价值，而且开辟了小说创作方面的一个新的领域。

《三国演义》塑造了诸葛亮等鲜明的人物形象。

□ 利玛窦来华

明末，欧洲的一批耶稣会教士到中国进行传教活动，利玛窦是其中影响最大的一个。他原名玛太奥·利奇，生于意大利的一个贵族家庭，十九岁加入耶稣会，1582年受天主教耶稣会的派遣，来中国传教。

利玛窦先到澳门，后进入广东肇庆，先后在肇庆、韶州、南昌、苏州、南京等地活动。为了传教，他刻苦学习汉语，能讲一口流利的中国话，还通晓中国历史、儒家经典。他广交所在地的官员和士大夫，和他们饮酒赋诗，谈天论地，引经据典。

利玛窦在传教过程中，以一种职业宗教家的敏感意识到，中国人更喜欢世俗化的宗教。由于中国儒学的地位根深蒂固，利玛窦就采取"排佛补儒"的战略来取悦儒生。他把儒家经典同天主教教义的相似之处归纳在一起，写出《天主实义》等著作，这在很大程度上迎合了中国士大夫的心理，也迎合了下层民众的心理，因此这一教义受到普遍欢迎，为他大规模传教铺平了道路。

1601年，明神宗召见利玛窦，准他在北京传教。利玛窦在宣武门附近购置一块地基（今天主教南堂处），建堂居住，开辟北京天主教活动中心。他在北京十年间，大半光阴都用在向中国朋友讲授自然科学知识和共同翻译书籍上。明代杰出科学家、礼部尚书徐光启和著名学者李之藻都是利玛窦的学生和朋友，利玛窦与他们一道翻译了不少西方自然科学的书籍，涉及数学、天文学、地理、机械、建筑、水利等许多方面，如和李之藻合译《乾坤体义》，与徐光启合译《几何原本》等。他们还制造了一些天文仪器。这些西方科学知识对开启中国国民智慧起了有益作用。

利马窦晚年撰写了《中国札记》，记述他在中国的见闻，较详细地介绍了中国的历史、地理、政治、文化艺术、宗教伦理等内容。

1610年，利玛窦在中国病逝，明神宗破例御批赐地葬于阜成门外滕公栅栏，墓碑上镌刻着"耶稣会士利公之墓"，还有顺天府尹王应麟撰写的碑记。

明神宗召见了利玛窦，并准许他在北京传教。

□ 徐光启研究科学

意大利传教士利玛窦在中国有一位好朋友，叫徐光启。徐光启是南直隶松江府上海县（今上海市）人，他参加科举考试路过南京时，经别人介绍认识了利玛窦。他听利玛窦讲的科学道理都是自己过去在书上没有读到过的，便对西方科学产生了浓厚的兴趣。

后来，明神宗接见了利玛窦，允许他留在京城传教。过了几年，徐光启考取了进士，也到了北京，在翰林院做官。他认为学习西方的科学知识，对国家富强有好处，就决心拜利玛窦为师，向他学习天文、数学、测量、武器制造等方面的科学知识。

有一次，徐光启到利玛窦那儿去学习。利玛窦跟他谈起，西方有一本数学著作叫《几何原本》，是古代希腊数学家欧几里得写的一本重要著作，可是要翻译成汉文很困难。徐光启说："这么好的书，不管怎样困难，我都要把它翻译出来。"从那以后，徐光启每天下午都会赶到利玛窦那儿，跟利玛窦合作翻译《几何原本》。徐光启花了一年多时间，终于把前六卷《几何原本》翻译完成。

除了《几何原本》之外，徐光启还跟利玛窦和另一个西方传教士熊三拔合作，翻译过测量、水利方面的科学著作。后来，徐光启又在研究我国古代历法的基础上，吸收了当时欧洲在天文方面的最新科学知识，在天文历法研究上达到了很高的水平。

徐光启不但爱好科学，还十分关心民间疾苦。有一年夏天，江南遭到一场水灾，大水把稻、麦都淹了。水退之后，农田上颗粒无收。徐光启心想：如果不补种点别的庄稼，来年春天拿什么度荒呀！恰巧在这时，有个朋友从福建给他带来了一批甘薯的秧苗。徐光启就在荒地上试种起甘薯来。过了不久，甘薯就长得一片葱绿，十分茂盛。后来，徐光启特地编了一本小册子，推广种甘薯的办法。

徐光启六十多岁时回到家乡。他在自己的田地上亲自参加劳动，做一些试验。后来，他把平日积累的经验和研究成果写成了一部著作，叫做《农政全书》。《农政全书》对我国的农具、土壤、水利、施肥、选种、嫁接等农业技术都有详细的记载，称得上是我国古代的农业百科全书。

徐光启在江南的荒地上试种甘薯秧苗，获得成功。

□ 努尔哈赤建后金

明王朝后期，政治越来越腐败，边防也随之越来越松弛。在我国东北地区的女真族的一支——建州女真乘机扩大势力，逐渐强大起来。振兴建州女真的英雄名叫爱新觉罗·努尔哈赤，他出身建州女真的贵族家庭，从小就练习骑马射箭，练得一身好武艺。

那时，建州女真有好几个部落，经常互相攻伐。1583年，建州女真首领阿台叛乱，苏克素浒河部图伦城主尼堪外兰引明军平叛，努尔哈赤的父亲、祖父都在战争中遭明军误杀。努尔哈赤当时任建州左卫都指挥使，他向明朝廷索要尼堪外兰以报家仇，但遭明朝廷拒绝。于是，他将父亲十三副遗甲发给将士，宣誓起兵，率本部兵马进攻尼堪外兰的图伦城。努尔哈赤英勇善战，尼堪外兰不敌，弃城外逃。努尔哈赤趁机杀死苏克素浒河部萨尔浒城主诺米纳，从而控制了该部。

此后五六年，努尔哈赤南征北讨，陆续征服建州女真董鄂部、浑河部、哲陈部，并斩杀尼堪外兰。1593年，努尔哈赤又先后夺取长白山三部，最终统一了建州女真。

这引起女真族其他各部的恐慌。当时的女真族共有三部，除了建州女真之外，还有海西女真和野人女真。海西女真中有个叶赫部最强。1593年，叶赫部联合了女真、蒙古的九个部落，结成联盟，合兵三万，分三路进攻努尔哈赤。

努尔哈赤听到九部联军来攻，事先做好迎战的准备。他在敌军来路上埋伏了精兵，又在路旁山岭边安放了滚木石块。九部联军来到努尔哈赤设伏的地方，突然遭到一百多剽悍骑兵的袭击，连损两员大将，顿时惊慌失措，全军大乱。努尔哈赤的军队掷了一阵滚木石块之后，勇敢的士兵跟着猛冲下来。联军大败，四散奔逃。

叶赫部是除努尔哈赤外，女真部落中最有实力的部落。打败了叶赫部，努尔哈赤在女真中再没有真正的敌手了。又过了几年，努尔哈赤基本统一了女真族各部。

1616年，努尔哈赤在八旗贵族的拥护下，于赫图阿拉（今辽宁新宾附近）即位称汗，国号大金，史称后金。

努尔哈赤骁勇善战，率军征服了建州女真，并实现了女真族各部的统一。

□ 萨尔浒之战

1618年四月，努尔哈赤召集八旗首领和将士，正式起兵征讨明朝。他首先亲自率领两万人马进攻抚顺。

明神宗派杨镐为辽东经略，讨伐后金。1619年，杨镐分兵四路，号称四十七万大军，由四个总兵官率领，进攻后金都城赫图阿拉。

努尔哈赤得到消息之后，并不惊慌。他侦察到明将杜松率领的中路左翼是明军主力，就集中兵力，先对付杜松。

这时候，杜松已经攻占了萨尔浒（今辽宁抚顺东）山口，接着分兵两路，把一半兵力留在萨尔浒扎营，自己带了另一部精兵攻打后金的界藩城（今辽宁新宾西北）。努尔哈赤一看杜松分散了兵力，便首先带兵一举攻下萨尔浒明军大营，截断了杜松的后路，接着又急行军援救界藩。驻守在界藩的后金军从山上居高临下地压下来，杜松所率的明军被杀得尸横遍野，血流成河，杜松也战死了。

统领北路明军的马林从开原（今辽宁开原）出兵，刚刚到离萨尔浒四十里的地方就得到杜松兵败的消息，吓得急忙转攻为守。努尔哈赤率领八旗兵力从界藩赶来，一举攻破马林的明军营垒。

坐镇沈阳的杨镐没想到两路人马这么快就全部覆灭，这才知道努尔哈赤的厉害，连忙传令另外两路明军停止前进。中路右翼李如柏立即回撤，但南路刘铤没有得到杨镐的军令，此时已经深入到后金军阵地去了，而且连破后金军的几个营寨。努尔哈赤知道刘铤骁勇，不能光靠拼硬仗，于是派一支后金军化装成前来接应的杜松军，把刘铤军带进后金军的包围圈，里应外合，四面夹击，明军阵势大乱，最后全军覆没。

这场战争从开始到结束，只用了五天时间。杨镐率领的数十万明军损失了一大半，文武将官死了三百多人。后金军经过萨尔浒之战的胜利，不但政权更趋稳固，而且从此夺取了辽东战场的主动权。而明军遭此惨败后则完全陷入了被动。

努尔哈赤设计对刘铤的明军进行四面夹击，明军全军覆没。

□ 魏忠贤专权

明光宗时，少年魏忠贤因家贫，净身入宫当了太监，改名李进忠。他入宫后不久结识了太监魏朝，转为光宗的才人王氏的典膳。王才人是皇长孙朱由校的生母。魏忠贤小心侍奉，得到称赞，皇帝便为他赐名忠贤。

朱由校即位后，即明熹宗，封自己的乳母客氏为奉圣夫人。魏忠贤便与客氏勾结，从此开始平步青云。1623年，魏忠贤受命提督东厂，拉开了中国历史上最昏暗的宦官专权的序幕。魏忠贤安排亲信田尔耕掌握锦衣卫，许显纯掌握镇抚司，屡兴大狱，打击异己。他们派出大批密探，四处活动，一时厂卫之毒流满天下。一大批不满魏忠贤的官员士子惨死狱中，一大批无耻之徒阿附于他，更有某些阿谀之臣到处为他修建生祠。他自称为九千岁，结党营私，专断国政，以致人们"只知有忠贤，而不知有皇上"。

对于魏忠贤专权，外朝官僚分为两大派，反对魏忠贤的官僚称依附魏忠贤的官僚为阉党，依附魏忠贤的官僚把反对魏忠贤的官僚划

宦官魏忠贤颇有心计，善于逢迎拍马，很讨朱由校的欢心。

为东林党。魏忠贤得势之初，正是部分东林党人得到重用之时，魏忠贤曾想笼络他们，但遭到了严厉拒绝，从此，魏忠贤便与东林党势同水火。

1624年，副都御史杨涟上疏，罗列魏忠贤的二十四大罪状，要求把他交刑部严讯以正国法。杨涟的奏疏掀起反对魏忠贤专权的高潮。一两个月内，弹劾章奏不下百余道。魏忠贤在惊恐之余，忙采取应对措施，将杨涟、左光斗、魏大中等反对他的人削职下狱，施以各种酷刑，最终将他们折磨至死。

1627年，熹宗朱由校病死。因为他没有儿子，他的异母兄弟信王朱由检被推上了皇位，年号崇祯，史称崇祯帝。这时朝廷内外再次发起对魏忠贤的弹劾，崇祯帝便下令将魏忠贤逮捕治罪。魏忠贤知道大势已去，就在被发配去凤阳的途中自杀了。

□ 宁远保卫战

萨尔浒大战以后，明朝派兵部主事袁崇焕去驻守辽东。袁崇焕出关后，不怕关外的艰苦环境，一边收容难民，一边修筑工事。他在宁远（今辽宁兴城）筑起三丈二尺高、二丈宽的城墙，还装备了各种火器、火炮。辽东的危急局面很快扭转过来。

这时候，魏忠贤却派了他的同党高第来指挥辽东军事。高第一到山海关，就要各路明军全部撤进山海关内。但袁崇焕坚决反对撤兵。高第只好让袁崇焕带领一部分明军留在宁远，而要求关外其他地区的明军限期撤退到关内。

努尔哈赤看到这种情况，认为进攻明朝的时机到来。1626年，他亲自率领十三万大军渡过辽河，进攻宁远。

那时候，宁远城只剩下一万多兵士，处境孤立，十分危险。但是袁崇焕并不气馁。他咬破手指，写了一份誓死抗后金的血书给将士们看。将士们都被袁崇焕感动得热血沸腾，纷纷表示跟随袁将军一起死守宁远。接着，袁崇焕命令城外百姓全部撤进城里，把城外的民房烧掉，不给后金军留下一粒粮食。他向城里的官员分派了任务，有的管军粮供应，有的负责清查内奸。他还发信给山海关的明军守将，命他们一旦发现宁远逃回关内的官兵，就地处斩。这几道命令一下，宁远的人心都安定下来了。

过了二十来天，努尔哈赤带领后金军来到了宁远城下。后金兵士头顶盾牌，冒着明军的箭石、炮火，猛烈攻城。袁崇焕下令动用早就准备好的大炮，冲在前面的后金兵士被轰得血肉横飞，没死的也被迫后撤。

第二天，努尔哈赤亲自督战，集中大股兵力攻城。袁崇焕登上城楼望台，沉着地监视后金军的行动。直等到后金军冲到逼近城墙的地方，他才命令炮手瞄准敌人密集的地方发炮。这一炮使后金军受到更大伤亡。正在后面督战的努尔哈赤也受了重伤，不得不下令撤退。

这次战役之后，努尔哈赤又气又伤心，加上伤势越来越重，没过几天就去世了。于是，努尔哈赤的第八个儿子皇太极接替他做了后金大汗。皇太极即位后，改国号为清，是为清太宗。

袁崇焕誓死抗后金，
写血书来鼓舞全军士气。

□ 崇祯帝冤杀袁崇焕

努尔哈赤受重伤死去以后，其子皇太极几次率领大军，攻打明朝。明将袁崇焕沉着应战，一次又一次取得胜利。可是，魏忠贤阉党却把功劳记在自己名下，反而责怪袁崇焕在宁锦之战中没有亲自救锦州是失职。袁崇焕知道魏忠贤是成心为难他，只好辞官。1627年，明熹宗驾崩，他的弟弟朱由检即位，即崇祯帝。

崇祯帝登基后将魏忠贤治罪，随即把袁崇焕召回朝廷，提拔袁崇焕为兵部尚书，负责指挥整个河北、辽东的军事。袁崇焕重新回到了宁远，他选拔将才，整顿队伍，使军纪严明，士气振奋。

已经接替了汗位的皇太极知道宁远、锦州防守严密，便决定改变进兵路线。1629年，他率领几十万后金军，从龙井关、大安口（今河北遵化北）绕道河北，直扑明朝京城北京。

皇太极这一招出乎袁崇焕的意料，他急忙出兵，想在半路上把后金军拦住，但已经来不及了。后金军乘虚而入，杀向北京郊外。袁崇焕得到情报，带着明军急行军两天两夜，居然比后金军早两日到了北京。随即，明军和后金军展开激烈的战斗。

后金军突然进攻北京，引起了全城震动。崇祯帝更是急得心慌意乱，后来听说袁崇焕带兵赶到，这才安心了一些。此时有人散布谣言，说这次后金兵绕道进京，完全是袁崇焕引进来的，里面可能还有什么阴谋。崇祯帝是个猜疑心极重的人，听了这些谣言，也有些怀疑起来。正在这个时候，有一个被金兵俘虏去的太监从金营逃了回来，向崇祯帝密告，说他从两个看守他的金兵的谈话中得知，袁崇焕和皇太极已经订下密约，要出卖北京。这个消息简直像晴天霹雳，把崇祯帝惊呆了。但他哪里知道，那两个金兵的谈话是皇太极预先布置的。

崇祯帝立即下令将袁崇焕关押起来，不久就以通敌的罪名将他凌迟处死了。皇太极用反间计除掉了袁崇焕，解除了后金进军中原最大的威胁，而崇祯帝误信谗言，"自毁长城"，为明朝埋下了灭亡的种子。

袁崇焕率领明军与后金军作战，企图解救被围的北京城。

□ 明末三案

明末万历年间，朝政日趋腐败，朝臣中党派林立，党争迭起。被称为明末三案的"梃击案""红丸案"和"移宫案"，对加剧明末的党争有推波助澜的作用。

万历四十三年（1615年），有个叫张差的男子持木棍闯进慈庆宫，欲谋害太子朱常洛。巡视皇城御史刘廷元是浙党成员，他经过审问后奏称张差是疯子。刑部提审主事王之寀是东林党人，他又仔细审问，查出张差是受人指使，从蓟州来到京城，被一太监带进宫中作案。后来又经过十三司会审，审出指使张差行凶的人是郑贵妃宫中太监庞保和刘成。至此，真相大白，朝中议论纷纷。明神宗怕进一步追查会牵涉到他宠爱的郑贵妃，便以张差疯癫，刺杀太子的罪名下令将张差处死，庞保、刘成也被杖毙于内廷，暂时平息了这场风波，史称"梃击案"。

万历四十八年（1620年），明神宗驾崩，太子朱常洛即位，是为光宗。因为光宗身体羸弱，郑贵妃指使内医太监崔文升入诊，开了一服药。光宗服药后，腹泻不止，一天达到三四十次。于是，鸿胪寺丞李可灼向光宗进献"红丸"，号称仙方，光宗连服两粒后，一命呜呼，仅在位二十九天。朝廷大臣都把光宗之死归咎于李可灼和首席辅政大臣方从哲。方从哲被逼无奈，只好将李可灼罢免，自己辞官而去。此后，关于光宗致死的原因，东林党和浙党有过长期的争论，这就是"红丸案"。

光宗死后，他十六岁的长子朱由校即位。

宫人李选侍在光宗做太子时极受宠爱，所以光宗即位时，她与太子朱由校一起入居乾清宫。光宗死后，她便控制了乾清宫，并与心腹太监李进忠密谋，阻止朱由校与朝中大臣见面，企图挟皇长子自重。东林党人大学士刘一、给事中杨涟等以李选侍占据乾清宫违制为由，多次上疏让李选侍移宫。皇太子朱由校也明确表示支持。李选侍无奈，只好搬出乾清宫，改居仁寿殿。第二天，群臣就正式拥立朱由校即帝位，是为熹宗。熹宗即位后，此事引起争论，成为官僚派系斗争的内容之一。这就是著名的"移宫案"。

光宗腹泻不止，鸿胪寺丞李可灼便向光宗进献"红丸"。

□ 徐霞客游天下

徐霞客名叫徐弘祖，号霞客，是我国明朝杰出的地理学家。他从小爱读历史、地理一类的书籍图册。长大后，他不满朝政腐败，不愿应试科举，却立志游历祖国的名山大川，探索自然的奥秘。

1609年，徐霞客二十二岁那年，开始离家外出游历。他先后走遍了太湖、天台山、雁荡山、泰山、武夷山、五台山和恒山等名山。每次回家，他都跟亲友讲解各地的奇风异俗和游历中的惊险情景。后来，徐霞客的父母都去世了，他就把全部精力扑在游历考察的事业上。

1637年，在五十岁那年，他开始了一次路程漫长的旅行，花了整整四年时间，游遍了湖南、广西、贵州、云南四省，一直到我国边境腾冲（今云南腾冲县）。他跋山涉水，到过许多人迹罕至的地方，攀登悬崖峭壁，考察奇峰异洞。

有一次，他在湖南茶陵（今湖南茶陵县），听人说当地有个麻叶洞，洞里有神龙或者精怪，没有法术的人都不敢进去。徐霞客不信神怪，举起火把就进了洞。村里的百姓听到有人进洞，都拥到洞口来看热闹。徐霞客在洞里考察了很久，一直到火把快烧完时才出来。围在洞口的百姓看到他安全出洞，都十分惊奇，说："我们等了好久，以为你一定给妖精吃了呢！"

徐霞客跋山涉水，遍游祖国各地，记录下各地独特的地理风貌。

·《徐霞客游记》·

《徐霞客游记》是徐霞客三十多年旅行考察的真实记录和结晶，生动、准确、详细地记录着祖国丰富的自然资源和地理景观。它为历史地理学的研究提供了许多重要资料，开创了我国地理学上实地考察自然、系统描述自然的先河，具有很高的科学价值，受到国内外广大专家和读者的赞赏。此外，本书文字优美、语言生动，还具有很高的文学价值。

徐霞客漫游西南的时候，除了跟随身边的一个仆人外，还有一个名叫静闻的和尚和他们做伴。有一次，他们在湘江乘船的时候，遇到了强盗，行李财物被抢劫一空。静闻和尚因为受伤，在半路上死去。到最后，连身边的仆人也离他而去。但是这些挫折都没有动摇他探索自然的决心。

徐霞客在旅途中，每天晚上休息之前，都要把当天见到的和听到的都详细记录下来。即使在荒山野林里露宿的日子，他也总是在篝火旁，伏在包袱上坚持写日记。

1641年，徐霞客去世了，他留下了大量日记，这实际上是他的地理考察记录。他的实地考察纠正了一些过去书中记载的错误，发现了许多过去没人记载过的地理现象。后来，人们把他的日记编成了一本《徐霞客游记》。

□ 张献忠奇袭襄阳

张献忠是明朝延安卫柳树涧（今陕西定边东）人。1630年，陕西饥民暴乱纷起，张献忠随即起兵，自号八大王。后来他和另一位起义军首领李自成一同率兵归附了另一支起义军的首领高迎祥。不久，张献忠与李自成之间产生矛盾而分裂，张献忠率部开往长江一带活动，李自成则转战黄河流域。

1639年，崇祯帝派兵部尚书杨嗣昌到湖广围攻张献忠。杨嗣昌率领十万人马来到襄阳，首先派左良玉等将领去围攻起义军。张献忠率军转移到玛瑙山，但由于起义军队伍里混进了奸细，全军陷入敌人包围圈里，被左良玉军打败。

张献忠带领一千名骑兵突围成功，从湖北转移到四川。杨嗣昌率军紧追不舍。但张献忠起义军忽东忽西，叫官军捉摸不定。当明军将领刘士杰带领一支疲劳不堪的兵士追击起义军时，起义军却绕到了明军背后，从山上呐喊着冲下来。官军没有防备，全面溃败。

1641年，张献忠探知杨嗣昌把重兵都放到四川，襄阳兵力空虚，就摆脱明军，突然带兵离开四川，往东转移，一天一夜急行三四百里，把杨嗣昌的大军远远甩在了后边。

杨嗣昌得到消息，连忙派使者赶到襄阳，命令襄阳明军严密防守。哪里知道，使者刚走到半路上，就被起义军发现抓了起来。起义军在使者身上搜到了令牌、文书。张献忠把他的义子李定国叫来，叫

他打扮成杨嗣昌的使者，混进襄阳城去。

当天晚上，混进襄阳的起义军兵士在城里好几处同时放火。在混乱中，起义军打开城门，大队人马冲杀进来，官军要想抵抗也来不及了。起义军进城以后，一面派人打开监狱，救出被俘的起义兵士和家属；一面直奔襄王府，活捉了襄王朱翊铭。

张献忠攻破襄阳的消息传到了四川，把杨嗣昌惊呆了。他处心积虑布置的围攻起义军的计划全部破产，特别是张献忠在他眼皮底下，来了个突然袭击，而且俘获了一名藩王。他自知无法向崇祯帝交代，觉得再继续下去也没有出路，最后自杀而亡。

张献忠率起义军奇袭襄阳城，令官军措手不及。

□ 李闯王进北京

李闯王即李自成，陕西米脂人，少年时就喜欢骑马射箭，练得一身好武艺。后来因为家境穷困，他便跑到甘肃去当了兵。1629年的一天，兵士们领不到饷，闹到官府去，没想到带兵的将官竟出来镇压。李自成一怒之下，带头杀了将官，投奔了自称"闯王"的高迎祥率领的农民起义军。

高迎祥和其他的几支起义军联合起来，转战山西、河北等五个省，声势越来越大。1635年，几路起义军在荥阳（今河南荥阳县东北）开会，经过一番商量，决定十三家起义军分成六路。高迎祥、李自成和另一支由张献忠领导的起义军向东打出包围圈，直取江淮地区的凤阳。起义军一路进军，势如破竹，不到十天，就打下了凤阳。1636年，起义军又进攻西安，不幸中了明军埋伏，高迎祥牺牲了，将士们便拥戴李自成为闯王。李自成足智多谋，英勇善战，多次带领起义军冲破官军的围剿。

1638年，李自成从甘肃转移到陕西，准备打出潼关，结果中了敌人的计，几万名兵士在战斗中牺牲。但李自成并没有灰心丧气，他招聚溃散的农民，很快起义军就又有了几千人。

当时河南闹灾荒，明朝政府不但不赈济，反而加重征收赋税。李自成立即带领起义军进入河南，攻破洛阳，下令打开粮仓，发放粮食，赈济灾民。此外，他还提出了"均田免粮"的口号。这大大鼓舞了农民的士气，短短几个月时间，起义军就增加到一百多万人。

1643年，李自成带领百万大军挥师南下，夺取湖广重镇襄阳。接着，起义大军长驱直入，攻破西安。1644年正月，李自成在西安建立了政权，国号"大顺"。

1644年农历三月，起义军围攻北京。城内明朝守军长期缺饷，军士厌战，九门外三大营全部投降了起义军。崇祯帝见大势已去，挥剑杀死皇后和两名公主之后，在煤山的一棵树下自缢身亡。

李自成带领百万起义军，由德胜门威风凛凛地进入北京城。至此，统治中国二百七十六年的大明王朝宣布灭亡。

李自成攻破洛阳后，下令开仓放粮，受到了百姓们的大力拥护。

□ 冲冠一怒为红颜

李自成率领起义军攻破北京城以后，一面出榜安民，一面严惩明王朝的皇亲国戚、贪官污吏。大官僚吴襄也被抄了家产，并且被逮捕起来追赃。有人告诉李自成，吴襄的儿子吴三桂是镇守山海关的总兵，手下还有几十万大军，如果能把吴三桂招降，就解除了大顺政权的一大威胁。于是李自成就让吴襄给吴三桂写信，劝说吴三桂向起义军投降。

吴三桂原来是明朝派到关外抗清的，驻扎在宁远一带防守。起义军逼近北京的时候，崇祯帝要吴三桂带兵进关，对付起义军。但吴三桂赶到山海关时，北京已被起义军攻破。过了几天，吴三桂收到父亲的劝降信，但犹豫不定，于是决定先回到北京再做打算。

谁知在这期间，查抄吴襄的大将刘敏宗却背着李自成，霸占了吴三桂的爱妾陈圆圆。陈圆圆原是苏州一带的名妓，不仅相貌娇艳，而且能歌善舞，吴三桂对她非常宠爱。当吴三桂

在路上听说他父亲吴襄被抓，家产被抄，已经恨得咬牙切齿，接着又得知陈圆圆也被霸占，更是怒气冲天，于是立刻下令退回山海关，发誓与起义军誓不两立。

李自成见吴三桂拒绝投降，便亲率二十万大军进攻山海关。吴三桂自知力量薄弱，便不顾民族气节，写信给清军将领，请救他帮助镇压起义军。此时清太宗皇太极已死，即位的是他不满六岁的儿子福临，即顺治帝。皇帝年幼，朝政大权都掌握在皇太极的弟弟——辅政亲王多尔衮的手里。多尔衮接到吴三桂的求救信，觉得清军入关的机会到了，立刻回信同意。接着，他亲自带着十几万清兵向山海关进兵。

清军到了山海关下，吴三桂迫不及待地出关迎接多尔衮，随后带领清兵直入关内，与李自成的农民起义军进行决战。李自成兵败，只得撤离北京城，后在湖北通山县九宫山遇袭身亡。

1644年农历十月，多尔衮把顺治帝接到北京，正式移都北京。从此，清王朝在中国建立了统治。

吴三桂为了一己私利，将清兵引入山海关内，为清军直入中原创造了便利条件。

□ 史可法血战扬州

崇祯帝在煤山自缢之后，南京的大臣们立福王朱由崧为帝，在南京建立了一个政权，历史上称它为南明，称朱由崧为弘光帝。

弘光帝是个迷恋酒色、极端荒唐的人。凤阳总督马士英利用弘光帝昏庸，操纵了南明政权。弘光帝和马士英不但没想抵抗清兵，而且过起荒淫作乐的生活来。南明政权的兵部尚书史可法见此情形，主动要求到前方去统率军队。

1645年初，清军在豫罗郡王多铎带领下，大举南下。史可法指挥四镇将领抵抗，打了一些胜仗。可是这时南明政权内部却起了争端，驻守武昌的明将左良玉为了跟马士英争权，起兵进攻南京。马士英将江北四镇军队撤回，对付左良玉，还命令史可法回南京护驾。史可法明知不该离开，但是为了平息内争，不得不带兵赶回南京。刚过长江，史可法就听说左良玉兵败，便急忙回师江北，但清兵已经逼近扬州。

史可法发出紧急檄文，要各镇将领带兵集中到扬州守卫。但是过了几天，竟没有一个发兵来救。史可法知道，只有依靠扬州军民孤军奋战了。

清军到了扬州城下，多铎先派人到城里向史可法劝降，一连派了五个人，都被史可法斥骂回去。多铎恼羞成怒，发誓一定拿下扬州城。

史可法把全城官员召集起来，勉励他们同心协力抵抗清兵。将士们见史可法坚定沉着，都很感动，表示一定要和督师一起，誓死抵抗。

多铎命令清兵没日没夜地攻城，但被扬州军民一一击退。最后，多铎调来了红夷大炮。他探听到西门防守最严，又是史可法亲自防守，就下令炮手专向西北角轰击。炮弹一颗颗在西门落下来，城墙渐渐坍塌，最终被轰开了一个缺口。

就在史可法指挥军民堵缺口时，大批清军已经蜂拥着冲进城来。史可法被活捉。多铎爱惜史可法是位英雄，仍想劝降他。但史可法视死如归，最后被清军杀害。清军进入扬州后，大肆杀戮，奸淫掳掠，以至寸丝粒米都被搜刮殆尽。如此持续了近十天，史称"扬州十日"。

史可法坚守扬州，誓死抵抗到最后一刻。

□ 洪承畴降清

洪承畴字彦演，号亨九，福建南安（今属福建）人。明朝万历年间中进士。1641年，明清之间发生一场大的战役——松山之战。当时皇太极发兵围攻锦州，明朝派蓟辽总督洪承畴领兵十三万前去救援。洪承畴主张徐徐逼近锦州，步步立营，且战且守。但是兵部尚书陈新甲一再催促他迎战。洪承畴迫不得已，进军松山。清军趁明军不备，猛然出击。明军十数万人马很快土崩瓦解，先后损失五万三千多人。洪承畴被围困在松山，最后被清军活捉。

皇太极早就听说洪承畴是个文武全才，意欲招降他为清效力，所以并没有立即审问他，而是接受了"智囊"范文程的建议，先将洪承畴安排在一个阴暗潮湿的牢房里，让这位明朝的高官体验一下阶下囚的滋味，以便在思想上解除他的武装。

过了几天，范文程来牢房劝降。洪承畴大骂范文程是满人的走狗、汉人的败类。范文程非但没有生气，反而好言相劝说："满汉乃一家。古时贤人王猛与前秦皇帝苻坚纵谈天下大事，后又辅佐这位氐族人称霸北方，而历史上又有谁骂王猛是'败类'呢？圣人曰：民贵君轻。明朝朝政腐败，受苦的却是千万百姓。洪大人为何不暂舍忠君之名，而取爱民之心呢？"一席话说得洪承畴哑口无言。

正在这时，明朝上下却都认为洪承畴已经以身殉国，开始大肆举哀。皇太极得到消息，大喜过望，命人将记录了洪承畴丧事的黄皮京报（一种政府批准允许出版的民办报纸）送给洪承

畴。洪承畴深深了解崇祯帝是一个刚愎自用、疑忌嗜杀的皇帝，自己现在所统率的军队全军覆没，所守卫的地方也全部落入清军手中，即使能活着回去，但这丧师失地之罪，明廷能不追究吗？而且朝廷上下一定会怀疑自己是清朝的奸细。想到这些，洪承畴不由发出一声长叹。这一切都被皇太极看在眼里。

第二天，皇太极来到洪承畴的牢房，礼贤下士，言语中极尽仰慕钦佩之意。洪承畴十分感动，不由自主跪在地上，表示愿意为清朝效命。皇太极就这样招降了洪承畴。

洪承畴被皇太极招降，表示愿意为清朝效命。

□ 顺治祭孔

清顺治帝1644年登基时年仅六岁，但他聪明过人，而且胸怀大志，治国有方。

清朝虽然统一了全国，但是当时许多人很难接受少数民族统治天下的事实，这些人非常痛恨清朝，总想推翻清朝统治，恢复明朝。特别是一些正统思想浓厚的文人，他们不肯做官，而是在地方上到处讲学，宣传反清复明，具有很大的煽动性。

有大臣主张去搜捕这些文人，顺治帝不同意，他说："如果搜捕的话，一是浪费人力，二是抓人并不能解决问题，反而会增加天下人的仇恨，对我们更加不利。"顺治帝说这番话是因为他明白，对于思想上的反抗，用武力是很难解决的，所以他想出了一个好办法，就是祭拜孔子。

孔子被汉族人视为圣人，百姓都有在孔子诞辰时祭拜孔子的习俗。顺治帝为了达到一种轰动效应，扩大影响，先派人去请孔子的后代。没多久，孔子的第六十五世孙孔允植被接到了北京城，顺治帝封他为衍圣公，让他参加祭奠仪式。这引起了全国的轰动，特别是一些老儒生和受封建正统思想影响很深的人。他们得知孔子的后代受到清朝的礼遇，非常高兴，认为清朝统治者已经接受了大汉民族的正统思想。

孔子诞辰日那天，顺治帝率领文武百官来到国子监广场，恭恭敬敬地在孔夫子神位前拜了三拜，然后敬酒三次。文武百官也都神情肃穆，对孔子表现得十分尊敬和虔诚。

这次祭祀孔子的大典圆满结束，在清朝民间引起了强烈的反响。顺治帝又相继接见了孟、颜、曾三姓子孙和五经博士。在汉民族眼中，孔、孟、颜三家都是儒家学派的代表。顺治帝接见他们，是为了告诉天下人，大清王朝依然推行儒家思想。

孔、孟、颜、曾的后代在当时很有影响，他们纷纷表示拥护清朝的统治。其他一些老书生也都开始效仿，在他们眼里，如果再坚持反对清王朝统治，就是反对孔圣人。

那些隐居在深山古庙中讲学的人，得知顺治祭孔的事情以后，对顺治帝也都很佩服。从此，这些人渐渐转变了对清朝统治者的看法，开始宣扬清朝的好处。这样一来，反清复明的思想在大多数人的头脑中便渐渐淡化了。

顺治帝没有费一兵一卒，就基本达到了在思想上统一中国的目的。

顺治帝用祭拜孔子的方式，淡化了人们反清复明的思想。

□ 郑成功收复台湾

1646年，清军攻克福建，明将郑芝龙被劝降。郑芝龙有个儿子叫郑成功，他对父亲降清的做法非常气愤，便招募了几千人马，准备反清，并想将台湾作为根据地。

台湾自古以来就是中国的领土。明朝末年，荷兰人入侵并占领了台湾。他们向当地老百姓征收繁重的苛捐杂税，台湾民众苦不堪言。

1661年，郑成功亲率两万五千名将士，分乘几百艘战船，从金门出发，越过台湾海峡，直取台湾。荷兰侵略军连忙把军队集中在台湾（今台湾东平地区）和赤嵌（今台南地区），想阻挡郑成功的船队登岸。

郑成功利用海水涨潮的时机，驶进了鹿耳门，登上台湾岛。荷兰侵略军赶忙调来最大的军舰"赫克托"号，阻止郑军船只继续登岸。郑成功沉着镇定，指挥他的六十多艘战船把"赫克托"号围住。郑军的战船小，行动灵活，只听一

·郑成功的船队利用海水涨潮的时机接近台湾岛，与荷兰舰船展开激战。

·清朝统一中国·

清顺治初年，郑成功退据台湾与清对抗。1683年，清将施琅统领水师两万，向澎湖发起进攻。经七天激战，全歼郑军精锐，郑军残余退回台湾，不久投降。康熙帝在台湾设府，隶属福建省，同时置军队驻守台湾。从此，台湾正式隶属于中央政府的行政管辖之下。台湾收归，也使清朝完成了对全国的统一。

声令下，所有战船一齐发炮，"赫克托"号被打中起了火，很快就沉了下去。剩下三艘敌船一看形势不妙，吓得掉头就逃。

荷兰侵略军遭到惨败，龟缩在两座城里不敢应战，派使者向郑成功求和，表示只要郑军退出台湾，他们愿献上十万两白银慰劳。但郑成功严词拒绝了荷兰殖民者的求和。他切断赤嵌城的水源，又向台湾城发起强攻。荷兰侵略军走投无路，只好投降。1662年，沦陷了三十八年的台湾又重新回到了祖国的怀抱。

□ 智擒鳌拜

清世祖顺治帝驾崩后，圣祖康熙皇帝即位。康熙帝天资聪颖，有帝王之才。他登基时年仅八岁，按照世祖留下的遗诏，由索尼、遏必隆、苏克萨哈、鳌拜四位大臣共同辅政。

四位辅政大臣都曾经立过显赫的战功，其中鳌拜最为跋扈。康熙帝亲政之后，鳌拜仍然把持大权不放。后来索尼病死，鳌拜联合遏必隆害死了苏克萨哈，从此更加肆无忌惮。鳌拜在各级官僚机构中广植党羽，甚至擅自以康熙之名发布圣旨，凌驾于其他辅政大臣之上。鳌拜恣意妄为，独断专行，俨然成了清王朝的太上皇。

康熙帝早已对鳌拜的所作所为非常不满，苏克萨哈被斩事件的发生，更加坚定了他清除鳌拜的决心。为了预防万一，康熙帝派亲信索额图掌握宫廷侍卫大权，同时选了一批少年侍卫，在宫中练习布库游戏（"布库"是满语，即摔跤）。康熙常与少年侍卫在宫内做布库游戏，鳌拜每次上朝也不回避。鳌拜以为康熙帝天性好玩，不思上进，所以心里更加坦然，久而久之也就无所戒备了。

1669年，康熙帝以弈棋为名，召索额图入宫商议，定下了智擒鳌拜的妙计。几天以后，康熙帝召鳌拜入宫。鳌拜同往常一样，昂首阔步走进皇宫。

待鳌拜只身步入皇宫后，康熙帝便拍案怒斥他结党营私、陷害贤能、图谋弑君等种种罪行。鳌拜顿时恼羞成怒，暴跳如雷。这时康熙帝事先埋伏好的布库少年一起冲出来，有的按头，有的抱腰，有的扭肘，一下把他压倒在地，结结实实捆绑了起来。随后，康熙帝召集文武大臣议论鳌拜的罪行。大臣们摆出了鳌拜三十条大罪，一致喊杀。康熙帝念鳌拜是三朝元老，并未将其处死，至于他的兄弟子侄、心腹党羽则一律处以死刑。

康熙帝从鳌拜集团手中夺回权力以后，立即宣布永停圈地，平反苏克萨哈等人的冤案，奖励百官言事，开始了清朝政治史上新的一页。

康熙帝在十四岁时，果断地扳倒了权臣鳌拜。

□ 康熙削藩

清军入主中原及消灭南明，多是仰赖明朝降将之力，所以起初清廷不惜以高官厚禄笼络他们。清朝在入关之初即封吴三桂为平西王，顺治六年（1649年）又封尚可喜为平南王，耿仲明为靖南王，此即所谓"三藩"。他们手握重兵，割据一方。三藩之中，吴三桂力量最大，他拥兵十万，以昆明为根据地，把明朝所封的黔国公沐氏的田庄和邸府占为己有，还圈占了各族人民的大片土地，强迫农民纳租纳税。三藩势力的膨胀，给清朝的统治造成了严重的威胁，国家面临着分裂割据的危险。

1673年，平南王尚可喜打算回辽东养老，便上书康熙帝，请求将王位传给儿子尚之信。尚可喜的请求正中康熙的下怀，他立即同意尚可喜的养老请求，但不同意尚之信继续留镇广东，准备借此撤藩。

清政府欲撤平南王之举，对另两藩吴三桂和耿仲明的孙子耿精忠是个极大的打击。同年七月，吴三桂假意向清政府上奏疏请求撤藩。不久，耿精忠也向清政府请求撤藩。他们一面请求撤藩，一面暗中积极进行举兵叛乱的各项准备。

康熙召集朝廷大臣讨论吴、耿两人请求撤藩的奏疏。多数大臣畏惧三藩势力，说："三藩势力过大，唯恐撤藩会惹出大乱子来，不可撤藩。"甚至连康熙帝的亲信，曾在清除鳌拜的斗争中态度坚决的索额图也竭力反对撤藩，他说："不用发兵，安抚他们就可以使他们安定下来。"只有少数大臣同意康熙帝的想法。

康熙帝对三藩的野心看得十分清楚，他说："朕小的时候，就觉得三藩势焰太盛，不可不撤。现在撤藩的时机到了，怎么能放弃呢？吴三桂想造反蓄谋已久，不早点除掉他，养痈成患，怎样善后？况且现在形势已经这样了，撤，他们会反，不撤，他们也会反，不如先发制人。"所以康熙立即批准吴三桂、耿精忠的撤藩要求，命令他们回到自己家乡，将地方行政移交有关总督、巡抚管辖。不久，康熙又将留居京师的吴三桂之子吴应熊逮捕处死。为了安定惊恐的军心和慌乱的民心，康熙每天游景山、观骑射，以示胸有成竹。他的坚定决心和平静心态，对于稳定大局起了很大的作用。

康熙觉得撤藩不是一件容易的事，召集大臣们讨论此事。

□ 吴三桂叛乱

1673年，康熙帝下令撤藩，平西王吴三桂随即举兵叛乱。吴三桂为了笼络人心，扯起了"反清复明"的大旗。叛军分兵两路，东掠贵州、湖南，北攻四川、陕西，想给清廷造成措手不及的被动局面。次年，耿精忠在福州起兵响应吴三桂，不久，尚之信逼持其父尚可喜在广东起兵。吴三桂在各地的党羽也纷纷加入三藩叛乱。短短几年间，叛乱波及长江以南大部地区。

面对这种情况，康熙帝并没有惊慌。他力排众议，决心以武力平叛。吴三桂叛乱之初，朝廷一时措手不及，战斗屡次失利，一直处在被动挨打的劣势之中。

康熙帝为了扭转局势，首先采用了分化瓦解三藩营垒的计策，下令停止撤平南王、靖南王的藩，凡归降的叛军都给予厚赏。于是两藩王先后向清朝投降，叛军优势渐渐消失。

由于康熙帝恩威并用，策略正确，加上用人得当，经过两年多的平叛战争，战场形势发生了根本性的变化。清军由被动挨打变为主动出击，东西两个战场捷报频传。于是康熙帝决定集中兵力，围攻吴三桂盘踞的地区。

康熙帝一边调兵遣将，一边下令赶制大炮，并且亲自督战。清军从各地云集于湖南、湖北、江西一带。康熙帝不断地派遣被俘人员到前线劝降叛军。这时，吴三桂的统治区内政治和经济危机已空前严重，民怨四起。

1678年，年已七十四岁的吴三桂在衡州（今湖南衡阳市）称帝，但他仅仅做了几个月的皇帝，就于当年秋天一命呜呼。他的孙子吴世璠匆匆即帝位后，便逃出湖南，退居贵州。

1679年，清军收复湖南，次年收复四川。1680年，清军从湖南、广西、四川三路发兵，直捣贵阳，吴世璠急忙奔逃云南。第二年十月，十万清军围攻昆明。昆明城内粮尽弹绝，一片混乱，守南门的叛军打开城门投降清军。吴世璠见大势已去，服毒自杀。历时八年的三藩叛乱终于平息。

康熙面对三藩的威胁，采取先发制人的方式震慑藩王，结果平西王吴三桂起兵作乱。

❑ 康熙大战沙俄

明朝末年，清朝忙着进关，结果把北方边境的防备放松了。沙皇俄国趁机向我国黑龙江地区进犯。他们在我国掠夺财物，杀害人民，遭到我国各族人民的反抗。清朝入关后，派兵打击沙俄侵略军，收复了被俄国占领的黑龙江北岸的雅克萨。

康熙平定三藩的时候，东北边疆又传来沙俄军队进犯边境的消息。一伙沙俄匪徒流窜到雅克萨，在那里筑起堡垒，四处抢掠。俄国沙皇还派这伙俄国人的头子当了雅克萨的长官，想永远霸占中国的土地。

康熙帝亲自到了盛京（今辽宁沈阳），他一面让清军做好征讨准备，一面命令俄军退出雅克萨。沙俄军队不但不肯退出，反而向雅克萨增兵。眼看和平解决已经不可能，康熙帝便下了进军的命令。

1685年，康熙帝任命彭春为都统，率领陆军水军一万五千人，浩浩荡荡开到雅克萨城下，把雅克萨围了起来。彭春在城南筑起土山，让兵士站在土山上往城里放弩箭。城里的俄军以为清兵要在城南进攻，就把兵力拉到城南。哪知道清军却突然向城北轰起炮来。俄军的城楼被炮弹击中，着起火来。清军又在城下堆起柴草，准备放火烧城。俄军头目这才慌了神，在城头上扯起白旗投降。

彭春把投降的俄军全部放了回去，命令他们撤回本土。俄军撤走后，清军把雅克萨的城堡全部拆毁，清出土地让百姓耕种。

但清军撤出不久，俄军又偷偷溜回雅克萨，而且把城堡修筑得更加坚固。边境的警报再次传到北京，康熙帝决定彻底消灭侵略军。这次，清军的炮火更加猛烈，俄军几次出城反扑都被打了回去。俄军头目托尔布津中弹而死，剩下的俄军只好躲到地窖里，没几天就病的病，死的死，最后只剩下一百来人了。俄国慌忙派使者求和。1689年，中国和沙俄的代表在尼布楚（今俄罗斯涅尔琴斯克）举行和谈，签订了《尼布楚条约》。

清军为了保卫雅克萨，与俄军展开了激烈的战斗。

□ 康熙帝御驾亲征平漠西

康熙帝时期，蒙古部族分为漠南蒙古、漠北蒙古和漠西蒙古三个部分。除了漠南蒙古早已归属清朝外，其他两部也都臣服了清朝。

准噶尔是漠西蒙古的一支。噶尔丹统治准噶尔部以后，先后兼并了漠西蒙古的许多部落。而沙俄自雅克萨之战失败后，便向噶尔丹提供大批武器，唆使其分裂蒙古各部。噶尔丹在沙俄的支持下，分裂割据，称王称霸的野心日益膨胀。1690年，噶尔丹又在沙俄支持下，率兵两万，以追击喀尔喀（即漠北蒙古）为名，公开同清军交战，一直打到离北京不到千里的乌兰布通（今内蒙古赤峰境内）。京师的安全受到了威胁，康熙帝决定亲征平叛。

同年农历七月，康熙帝率军至乌兰布通，同叛军相遇。噶尔丹把万余头骆驼绑住脚，让它们俯伏在地上，驼背上用湿毡蒙住，排成长队。叛军则藏在"驼城"之后，妄图阻挡清军的进攻。清军先以大炮轰出几处缺口，然后突入猛冲猛杀。叛军一败涂地，逃窜而去。

1696年，康熙帝第二次率兵征讨噶尔丹。不久，清军就在克鲁伦河与噶尔丹叛军相遇，康熙帝不顾长途行军的疲惫，立即命令大军接

兵交战。叛军早已是清军的手下败将，遇到清军心惊胆战，没有交锋多久，就仓皇逃走了。清军士气振奋，连追五日，最后在昭莫多（今乌兰巴托东）将叛军包围。叛军乱成一团，被清军斩杀三千多人，还有两千多人摆脱噶尔丹的控制，归附了清军。康熙帝第二次亲征又获全胜，消灭了叛乱集团的有生力量。

1697年，康熙帝决定对噶尔丹叛乱集团进行第三次征讨，彻底歼灭叛军。他亲率远征大军从宁夏出塞，马不停蹄，追击噶尔丹的残兵败将。最后噶尔丹众叛亲离，走投无路，只得服毒自杀了。

康熙三次亲征噶尔丹，平定了漠西之乱。

□ 土尔扈特部东归

蒙古族土尔扈特部原来在塔尔巴哈台（今新疆塔城县）附近，过着游牧生活。明朝末年，因受到准噶尔部的严重威胁，该部被迫西迁至额济勒河（今俄罗斯伏尔加河）下游地区定居。西迁后土尔扈特部与中国相隔甚远，但在政治、文化、宗教等方面都与中国保持着联系。他们和平安定的生活不断遭到沙俄的破坏，沙俄还企图诱迫他们脱离中国，归顺沙俄，但他们始终坚决予以拒绝。

17世纪下半期，沙俄进一步加强对土尔扈特部族的压迫与奴役，大量征调土尔扈特部的青壮年充当士兵，对他们征收繁重的苛捐杂税，强迫他们放弃本民族信奉的佛教，改信东正教。沙俄的残酷压榨和剥削，使土尔扈特部更加渴望早日回归祖国。

18世纪中叶，清政府镇压了准噶尔部上层分子的叛乱，为土尔扈特部回归祖国创造了条件。清乾隆三十六年（1771年），土尔扈特部首领渥巴锡毅然率领部众十六万九千余人，离开居住长达一百七十多年的伏尔加河地区，踏上回归祖国的艰难路程。他们赶着数以万计的牛羊，冲破沙俄的围追堵截，用了半年多的时间，行程万余里，终于胜利地回到了中国，到达伊犁城。

到达伊犁后，渥巴锡向清政府献上了土尔扈特部祖先于明朝永乐八年（1410年）受到敕封的汉篆玉印一颗，以表示土尔扈特部人民忠贞不渝、热爱祖国的赤诚。

土尔扈特部从踏上中国疆土的那一天起，就受到各族人民的热烈欢迎。乾隆帝在热河木兰围场的伊绵峪接见了渥巴锡和其他人员，封渥巴锡为克里克图汗（蒙语"英勇、刚毅"之意）。

土尔扈特人民反抗沙俄的残暴统治，克服重重困难完成东归壮举，回到了祖国。

□ 清初文字狱

清朝初期，统治者对明朝留下来的文人，一面大加招抚，一面对不服统治者采取严厉的镇压。

1711年，有人告发翰林官戴名世在自己的文集《南山集》中对明朝政权表示了同情态度，又用了南明永历帝的年号。康熙帝就下令把戴名世打进大牢，判处死刑。这个案件牵连到他的亲友和刻印他文集的人达三百多。因为这个案件完全是由写文章引起的，就被称作"文字狱"。

雍正年间，"文字狱"风波更加严重，可谓到了谈字色变的程度。1726年，江西科举考官查嗣庭出了一道试题"维民所止"。试题一出，即有人密告雍正帝，说查嗣庭出的试题有影射皇上断头之意。雍正帝不解。这人解释，"维"字是去了头的"雍"字，"止"字是去了头的"正"字，这岂不意味陛下断头之意吗？雍正帝听信谗言，不禁龙颜大怒，立即下旨把查嗣庭押解进京，下狱问罪。查嗣庭不知自己身犯何罪，说："我出的试题乃是《诗经·商颂·玄鸟》里

的话：邦畿千里，维民所止。儒学经典《大学》引用过，意思是：国都附近的千里土地，实是百姓安居乐业的场所。我这是歌颂皇上的圣德，何来反逆之意？"雍正帝马上差人找来《诗经》和《大学》，见果真有"维民所止"一语，顿时语塞。但他为顾全颜面，硬说"维民所止"就是犯上的意思。查嗣庭无辜遭祸，含冤死于狱中。

乾隆年间，湖南学政胡中藻在《坚磨生诗》中写了一句"一把心肠论浊清"。乾隆帝看了后立刻亲自批驳说，"一把心肠论浊清"加"浊"字于国号"清"字之上，是何肺腑？他立即下旨将胡中藻处斩。乾隆朝一共发动了一百多起文字狱案，而且大肆销毁禁书。

文字狱的直接后果是，使清初的政治局面和学术思想越来越僵硬，人人自危。许多知识分子为了自保，纷纷把精力投入到了无风险的古籍研究之中，导致清朝在科技、思想、文化上与中国其他时代相比有了明显退步。

雍正和乾隆年间，文字狱相当盛行，致使许多文人莫名被处以死刑。

□ 乾隆帝六下江南

1735年，雍正帝驾崩，宝亲王弘历即位，是为清高宗，年号乾隆，所以又称乾隆帝。

乾隆帝是一位颇有作为的帝王，他登基后勤于政务，十分关注各地的农业和手工业生产。为了稳定政治，每隔一两年，乾隆帝都要到全国各地出巡，察看沿途地方的治理状况。从1751到1784年，乾隆帝先后六次巡游江南。

乾隆帝每次下江南，都十分重视水利工程的建设。他在视察淮河时，发现原有的土堤不安全，就下令马上维修，并亲自画出图样。南巡要经过山东、江苏、浙江三个省，乾隆帝多次减免三地的赋税。他还巡视农田和织造机房，鼓励农桑。南巡所经之处有岳飞、韩世忠、于谦等历代先贤的陵墓和祠堂，乾隆帝每次都要派官员前去祭扫。他还亲自出席了对大禹陵、周公庙、孔庙以及明太祖陵的祭奠，破格赏赐江南六百多人进士及第的资格，给沿途来迎驾的老臣提升官爵。这一系列做法，都起到了笼络汉族人心的作用。

但南巡也有很多弊端。从北京至杭州，每次巡幸的队伍乘坐大小船只达千余艘。他们使用的帐篷、器物、用具和衣饰等，动用六千匹马、四百辆骡马车、八百只骆驼，并征调近万名夫役进行搬运。巡幸所至，地方文武官员不仅着朝服接驾，而且大肆铺张，修行宫，搭彩棚，办筵席，并进献大批山珍海味、土产方物。巡行队伍路过的繁华街市，均搭建牌楼、彩棚、香亭。扬州的平山堂原本无梅花，为迎接乾隆帝的第一次南巡，盐商竟捐资植梅两万株。大虹园原本无塔，乾隆帝游玩时说："此处颇似北海之琼岛春阴，惜无塔耳。"大盐商江春就用万金贿赂乾隆帝的近侍，得到北海白塔的图样，令工匠仿造，"一夜而成"。

乾隆帝六次南巡，耗费财力无数。正是这种奢侈浪费，使原本殷实的国库变空虚，吏治逐年腐败。

乾隆帝勤于政务，在位期间六下江南巡视。

□ 曹雪芹创作《红楼梦》

曹雪芹字梦阮，号雪芹，又号芹圃、芹溪，是清代著名小说家。曹雪芹原来是一个贵族家庭的子弟，他的曾祖曹玺、祖父曹寅、父亲曹頫曾先后担任江宁织造。雍正帝即位后，因为皇室内部的纠纷，牵连到了曹家。雍正帝革了曹頫的职，下令查抄并没收曹家全部财产。

那时候，曹雪芹年方十岁，看到家庭遭到这样大的变故，幼小的心灵受到很大打击。后来，曹家的生活越来越困难，曹雪芹只得搬到北京西郊几间简陋的屋子里，有时候连饭也吃不上。曹雪芹经历了贵族到贫民的沧桑之变，对封建统治阶级的没落命运有切身感受，在此基础上，他"披阅十载，增删五次"，终于写出了不朽的现实主义巨著《红楼梦》。

《红楼梦》以贾宝玉和林黛玉的爱情悲剧为主线，描写了贵族大家庭贾家从兴盛到衰落的故事。小说的主人公贾家的公子贾宝玉和他的表妹林黛玉是一对嫌恶贵族习气、反对封建礼教的青年。他们想摆脱旧礼教的束缚，但却没有出路。

结果林黛玉害病死去，贾宝玉出家做了和尚，而那个贵族大家庭，在享尽荣华富贵之后，像腐朽的大厦一样，轰然倒塌了。

曹雪芹可谓是塑造人物的高手，在《红楼梦》中，共出现四百五十多个人物，而每个人都有自己的特色。另外，由于曹雪芹对诗词、金石、书画、医学、建筑、烹调、印染等各门学问都十分精通，所以在描写贵族家庭的饮食起居、园林建筑、家具器皿、服饰摆设、车轿排场时，都真实而细腻。

曹雪芹花了整整十年时间编写《红楼梦》，贫穷、辛劳和疾病把他折磨得十分衰弱，致使他只写完《红楼梦》的前八十回，就含恨离世了。曹雪芹死后，他的稿本经过传抄，渐渐流传开来。但是对于这样一部没有全部完成的杰出著作，人们总感到遗憾和可惜。后来，文学家高鹗续写了后四十回，使《红楼梦》成了一部结构完整的小说。

曹雪芹在艰难穷困的环境中坚持写作，将自己的生平遭遇、学识才华、思想情感都融进了《红楼梦》中。

□ 寓禁于修的《四库全书》

清王朝统一中国后，经过康熙、雍正两朝的经营，经济有了很大发展。到乾隆帝在位的时候，国力达到了清朝的鼎盛时期。

乾隆帝跟他祖父和父亲一样，除了武功之外，还十分重视文治。但是他明白，光靠文字狱来实行文化统治是不彻底的，还有成千上万的书籍收藏在民间，如果里面有不利于清朝统治的内容，那就麻烦了。

后来，乾隆帝终于想出一个办法，就是集中全国的藏书，来编辑一部规模空前巨大的丛书。这样做，一来可以进一步笼络大批知识分子，显示皇帝重视文化，二来可以借这个机会把民间藏书统统审查一遍，可说是一举两得。

1773年，乾隆帝正式下令开设四库全书馆，让当时有名的学者戴震、姚鼐、纪昀等人担任编纂官，编著一套丛书。我国古代常把图书分成经、史、子、集四个大类，所以，乾隆为这套丛书取名叫《四库全书》。

而后，乾隆帝命令各省官员搜集、收购各种图书上缴。各地图书被源源不断地送到北京，两年之内，朝廷就收集了两万多种书，再加上宫廷内部原来收藏的大量图书，数量就很可观了。接着，乾隆帝就下令四库全书馆的编纂官员对图书认真检查，凡是有"违碍"（对清统治者不利）字句的，一概销毁。据不完全统计，在编《四库全书》的同时，被查禁烧毁的图书也有三千种之多。

1782年，《四库全书》正式完成，共收图书三千五百零三种，七万九千三百三十七卷。当时把全书抄了七部，分别贮藏在皇宫、圆明园、热河行宫（今河北承德）、奉天（今辽宁沈阳）、杭州、镇江、扬州。在四库全书馆编纂官员的辛勤努力下，许多书籍的真实面貌得以恢复，文字讹误得以纠正，版本源流也得以理清。中国历代典籍和传统文化由此得到全面的清理和总结。

编纂《四库全书》对后代人研究我国古代丰富的文化遗产是一项重大的贡献。至于查禁销毁一批书，当然对历史传统文化的传承造成了损失。但是当时就有不少爱书的人冒着杀头的危险，把许多有价值的书藏了起来。所以，到了清朝末年，就有不少被禁的书陆续出现了。

编纂《四库全书》的工作异常繁杂，前后用了十多年的时间。

□ 和珅跌倒，嘉庆吃饱

和珅自幼家贫，十九岁时，世袭了父亲的三等轻车都尉官职，后来又进京当了皇宫三等侍卫。有一次，乾隆帝准备出外巡视，叫侍从官员准备仪仗，官员却找不到仪仗用的黄盖了。乾隆帝十分恼火。站在一旁的和珅趁机上前回话。乾隆帝见他眉目清秀、神态镇定，十分赞赏他，又问了他一些其他的情况。他无不对答如流。乾隆帝马上封和珅为总管仪仗，以后又派他当了御前侍卫。

和珅是个非常伶俐的人，尤其擅长见风使舵，溜须拍马，把乾隆帝服侍得十分顺心。日子一久，乾隆帝便把他当做亲信。和珅也步步高升，被提升为大学士。后来，乾隆帝还把女儿和孝公主嫁给了和珅的儿子。

和珅大权在握，但他不管政事，却只知道搜刮财富。他不但接受贿赂，而且公开勒索；不但暗中贪污，而且明里掠夺。地方官员献给皇帝的贡品，都要经过和珅的手。和珅总是挑最精致的留给自己，剩下的再送到宫里去。一些朝臣和地方官员知道和珅的脾气，就尽量搜罗珍宝去讨好他。

乾隆帝在做满六十年皇帝后，传位给了太子颙琰，即嘉庆帝。嘉庆帝早知道和珅贪赃枉法的情况。乾隆帝一死，嘉庆帝便马上把和珅逮捕起来，赐他自缢，并且派官员查抄他的家产。

和珅的豪富，本来是出了名的，但是抄家的结果，还是让人大吃一惊。长长的一张抄家清单里，记载着金银财宝、绫罗绸缎、珍稀古董，数目多得数都数不清。和府库内的银子和衣服折合白银共有千万两以上；夹壁墙里藏黄金两万六千多两，私库藏白银六千多万两，地窖里埋白银□□多万两，在各地当铺钱庄的资本千余万两。三□□算□□□□□□和珅的家业值白银八亿两之多，粗粗估算一下□□□□□□□于是，民间就有人编了抵得上朝廷十年的收入。□□□□□□□两句顺口溜："和珅跌倒，嘉庆吃饱。"

贪官和珅被削去官爵后，从其家中抄出的财宝多到惊人的程度。

□ 虎门销烟

清朝中叶以后，国势日衰。然而此时，以英国为首的西方列强经过工业革命后迅速崛起。他们纷纷向外扩张。从乾隆三十八年开始，英国殖民者便有计划地向中国输入鸦片，利用它打开中国的市场。到了道光年间，鸦片已经严重泛滥，民众吸食鸦片烟的情况愈演愈烈。当时的湖广总督林则徐一年内三次复奏道光皇帝，尖锐地指出，如果不禁烟，几十年后军队就会衰弱，国库就会空虚。

兵和饷是清朝统治集团的命根子，为了维护清王朝的统治，道光帝决定采纳林则徐查禁鸦片的主张。1838年，林则徐奉旨前往广东厉行禁烟。

林则徐到达广州后，一面加紧暗访密查，严拿烟贩；一面同外国鸦片贩子展开坚决的斗争。他将宣布禁烟的缴烟谕帖交给当地行商总头目，让他转给外国烟贩，限三天之内将船上所有鸦片全部交出，还要他们出具甘结（保证书），保证以后来中国绝不携带鸦片。然而，英国驻华商务监督义律等人却百般抵赖，拒不交出鸦片。于是，林则徐下令包围了英国商馆，英国鸦片贩子无奈，只好忍痛交出了两万多箱鸦片。林则徐决定将这些鸦片当众销毁，以儆效尤。

1839年6月3日，人们从四面八方涌向虎门炮台，林则徐庄严地宣布销烟开始。兵士从后面水沟里把水引入两个销烟池内，撒入食盐，然后把一箱箱的鸦片运到池边，将鸦片切开捣碎，投入池中，再撒下石灰。顷刻间，盐卤沸腾起来，浓烟滚滚，升入天际。等到海水退潮时，打开销烟池前面的涵洞，销溶后的鸦片便随着浪花冲入大海。看到这一情景，人群中顿时爆发出雷鸣般的欢呼声。从6月3日到25日，除留下八箱作为样品送往京城外，两百多万斤鸦片被全部销毁。

林则徐大力禁烟，在虎门销毁了大批鸦片。

□ 第一次鸦片战争

林则徐虎门销烟，激怒了英国殖民主义者。1839年10月，英国内阁决定发动侵华战争。

1840年6月，由近五十艘舰船和四千名士兵组成的英国"东方远征军"侵入中国广东海域，封锁珠江口，正式挑起战争。6月底，英国远征军司令义律率领四十余艘舰船从广东海面出发，进行第一次北犯。8月，英国舰队进逼天津大沽口，直接向清政府施加军事压力，并要求中国政府赔礼道歉、偿付烟款和割让岛屿等。道光帝派琦善"劝慰"英军退回广州等候谈判，随即令琦善为钦差大臣到广州与英国谈判，并将禁毁鸦片的林则徐和邓廷桢革职。

1841年1月7日，英军攻击沙角、大角炮台。中国军队仓促抵抗，伤亡惨重，炮台失陷。英军进逼虎门。此时琦善竟擅自认可了英军对香港的占领，他的妥协态度和卖国行径激起清廷上下不满。道光帝也认为琦善有损清政府尊严，于是将

他撤职查办，并决定对英作战，派满族贵族奕山到广东主持军事。奕山到广州以前，义律获悉清廷向广东调兵遣将和对英宣战的消息后，便立即准备进攻虎门和广州，以先发制人。2月26日清晨，英军三千多人向虎门炮台发起猛攻。水师提督关天培率军英勇抵抗。最终由于寡不敌众，关天培和守军数百人壮烈牺牲，虎门炮台失守。

奕山到达广州后，日夜饮酒作乐。这年5月，英军炮轰广州，奕山竟向英军投降。当年8月，英军再次北犯，攻陷厦门，随后又相继攻陷了定海和宁波。清军无法抵挡英国的坚船利炮，一路溃败。

1842年8月，英军舰队驶抵南京。清政府在英侵略军炮口的威逼下，被迫接受了丧权辱国的《南京条约》，将香港割让给英国，开放广州、厦门、福州、宁波、上海为通商口岸，赔偿巨款等。至此，第一次鸦片战争结束。

1840年，英国"东方远征军"侵入中国广东海域，正式挑起第一次鸦片战争。

三元里人民抗英

第一次鸦片战争期间，英军在广州横行乡里，大肆淫掠，激起广州城乡人民群众的义愤。

三元里位于广州城北约五里的地方。1841年4月9日，盘踞在四方炮台的小股英军窜到三元里一带抢劫行凶，奸淫妇女，激起村民的极大义愤。菜农韦绍光等人忍无可忍，与英军力搏，当场打死几名英国士兵，其余英军抱头鼠窜。为防备英军报复，村民们集合于村北三元里古庙，约定以神座前的一面三星黑旗为令旗，宣誓"旗进人进，旗退人退，打死无怨"。同时举人何玉成等当地士绅联络了附近一百多个乡的民众，共商抗敌大计，并利用"社学"组建了一支由农民、渔民、纺织工人及小手工业者、会党成员和爱国士绅为主力的人民反侵略武装力量。

同年5月10日，五千民兵云集在三元里绅民"平英团"的旗帜下，进攻四方炮台。英军司令卧乌古派布尔利少将留守炮台，自率两千英军出外迎战。民兵们将英军引诱至牛栏冈一带的丘陵地区，将其团团包围。中午刚过，大雨倾盆而下，英军火药受潮，枪炮失灵，只得仓皇撤退。参战的民兵将英军分割包围，展开了肉搏战，杀死英军五十余名，俘虏十余人，缴获大量战利品。卧乌古率部逃回四方炮台。三元里人民跟踪追击，将四方炮台层层围住。

5月30日，番禺、南海、花县、增城各县四百多个乡的数万中国民众赶来助战。义律闻讯率兵救援，也陷入了重围。他们只得派人混出重围向奕山告急，并以重新开战相威胁。奕山生怕破坏了与英军的和议，再起战争，立即命令广州知府以欺骗手段强迫民众解散。

英军被迫撤离四方炮台后，义律贴出告示，恫吓说"后毋再犯"，妄图挽回面子。三元里人民针锋相对地宣告："不用官兵，不用国帑，自出己力，杀尽尔等。"一时南海、番禺等县组织团勇达数万人，日夜操练，抵抗英国侵略者。

三元里抗英斗争，是中国人民自发地反抗外国侵略者的第一场大规模战斗，充分显示了中国人民不甘屈服、敢于斗争的英勇气概。

三元里人民自发组织起来，抗击英国侵略军。

□ 太平天国运动

鸦片战争失败后，清政府为了筹集战争赔款，加紧了对老百姓的压榨，百姓的日子越来越过不下去了。这个时候，广东有一个叫洪秀全的读书人受到基督教的影响，创立了"拜上帝会"。他来到广西招收信徒，暗中酝酿着反清的斗争。到1849年，拜上帝会已经有了一万多信徒，起义的时机成熟了。

1851年1月11日，洪秀全在广西桂平县金田村率众起义，建国号"太平天国"。3月，太平军转战到武宣东乡，洪秀全正式称为"天王"。9月，太平军攻占永安州。在永安滞留期间，太平军进行了休整补充和制度建设，主要包括整顿军纪、分封诸王、颁行《天历》等。杨秀清被封为东王，萧朝贵为西王，冯云山为南王，韦昌辉为北王，石达开为翼王。

1852年4月，太平军从永安突围，北上围攻桂林，进入湖南。太平军转战湖南途中，发布了《奉天讨胡檄布四方谕》等重要文告，阐明太平天国"扫除妖孽，廓清中华"的反清宗旨，广大群众纷纷响应，太平军迅速壮大起来。1853年1月，太平军攻克武汉三镇，人员增至五十万，声威大振。2月，太平军水陆兼程，沿江东下，连克九江、安庆、芜湖等重镇。3月19日，太平军占领南京，洪秀全宣布改南京为天京，定为太平天国的都城。

定都天京后，太平军又进行了北伐和西征，在军事上达到全盛。然而就在这时，天京爆发了内乱，东王杨秀清在争权斗争中被北王韦昌辉杀了，韦昌辉又被洪秀全杀死。在这个过程中，有两万名太平军战士白白送了性命。

变乱平息后，翼王石达开一气之下带领十万精兵出走，最后被清军全部歼灭在了大渡河边。清军利用这个时机重新安排了兵力，又开始向天京发起进攻。1864年7月，天京的城墙被炸药炸开，清军杀入了天京，轰轰烈烈的太平天国运动就此宣告失败。

"太平天国"从广西起兵，一路北上，很快就打下了近半个中国。

□ 第二次鸦片战争

1854年，英国要求清政府全面修改《南京条约》，以进一步扩大其在鸦片战争中的所得权益，此举得到法国和美国的支持。清政府拒绝了修约的要求。于是，英、法两国开始各自寻找发动对华战争的借口。

1856年，英国制造了"亚罗号事件"，派额尔金率英国军舰悍然闯入虎门海口，挑起战争。同时，法国也借口"马神甫事件"，派葛罗为全权专使，率军来华协同英军行动。

1857年12月28日，英法联军炮轰广州，并登陆攻城，广州失陷。随后，英法联军纠结北上。1858年5月，联军轰击天津大沽口炮台，各炮台守兵奋起还击，打死敌军一百余人。但是由于清朝官吏临阵逃跑，后路清军没有及时增援，致使炮台守军孤军奋战，最后各炮台全部失守。清朝廷立即派出大学士桂良等人前往天津议和。第二年6月，中英《天津条约》和中法《天津条约》分别签订，英法联军退出天津。

1859年，英国派普鲁斯为公使到中国赴任和换约。普鲁斯和法国公使布尔布隆带领舰队和海陆战队开到大沽口外。普鲁斯提出要清政府拆除白河防御，英军可乘舰带兵入京的无理要求，遭到清政府拒绝。这年6月25日，英国舰队突袭大沽口炮台。守军奋起反击，激战一昼夜，击沉、击伤英法军舰十余艘，毙伤侵略军六百余人。联军受此挫败，狼狈逃出大沽口。

英法联军在大沽口战败，使英法政府大为恼怒。额尔金、葛罗再次成为全权代表，分率英军和法军杀向中国。1860年8月，英法军舰在北塘登陆，占据了大沽口炮台，并乘胜占领了天津。清政府立即派人至天津乞和。英法联军不予理睬，进逼北京。咸丰帝令其弟恭亲王奕䜣留守北京，负责求和事宜，自己则从圆明园仓皇逃往热河。英法联军进攻北京时，俄使伊格纳季耶夫向英、法提供了北京防卫的情况。10月，英法联军攻占北京，并将圆明园洗劫一空，而后付之一炬。不久，清政府分别与英、法、俄签订了割地赔款的《北京条约》。至此，第二次鸦片战争结束。

1860年，英法联军闯入圆明园，在大肆抢劫之后，放火烧毁了这座举世闻名的万园之园。

□ 辛酉政变

1860年9月，英法联军逼近北京，京城震动。咸丰帝急忙带着他的宠妃叶赫那拉氏（就是后来的慈禧太后）和一班亲信，逃亡到热河，由恭亲王奕䜣留下来向侵略者求和。

1861年8月22日，咸丰帝在热河病死，他六岁的儿子载淳即位。咸丰帝遗命端华、载垣、肃顺等八人辅佐年幼的皇帝载淳。载淳的母亲叶赫那拉氏是个阴险、贪权的女人，她很快就和留在北京的奕䜣勾结起来，企图篡夺最高统治权。

叶赫那拉氏为了夺权，授意各地亲信上奏折，大造"太后垂帘听政"的舆论。但是载垣等一班老臣以"本朝未有皇太后垂帘"的理由加以反对，使她的阴谋未能得逞。9月，奕䜣和英国侵略者密谋后，借奔丧的名义赶到热河，和叶赫那拉氏密谋发动政变的事宜。奕䜣回到北京后，笼络驻扎在京津一带掌握兵权的兵部侍郎胜保，做好了政变的准备。

在从承德回北京时，叶赫那拉氏让肃顺护

送咸丰的梓宫（灵柩）走大路；她和载垣、端华等人带着载淳由小路提前四天回到北京。叶赫那拉氏到北京的第二天一早就发动了政变，宣布解除了肃顺等人的职务，当场逮捕了载垣、端华，并派人去路上逮捕肃顺。不久，她发布上谕，否认咸丰遗诏，下令将肃顺斩首；让载垣、端华自尽；另外五大臣则被革职或充军。八大臣的第一个重要罪状就是"不能尽心和议……以致失信于各国"，也等于向侵略者表示，她是"尽心和议"的。恭亲王奕䜣被任命为议政王，掌管军机处，随后八名辅政大臣的党羽也被一一清除。

接着叶赫那拉氏宣布废除八大臣原拟的"祺祥"年号，将1862年改为"同治"元年，表示东、西两太后共同治理朝政。慈禧之号也是从这时开始使用的。这一年正好是辛酉年，故又称"辛酉政变"。通过这次政变，慈禧夺取了清朝最高统治权，开始了她对中国长达四十七年的统治。

"辛酉政变"之后，慈禧太后参与朝政，开始了她对中国长达四十七年的统治。

□ 洋务运动

19世纪中叶，经过太平天国运动和两次鸦片战争的打击，清政府第一次感到了生存危机。面对这种局面，以奕䜣、曾国藩、左宗棠、李鸿章等大臣为代表的洋务派提出，为抵御外侮，应当抛弃陈腐的"祖宗之法"，转而引进西洋先进技术。这时，以慈禧为首的顽固派也意识到，要维护自身统治不得不借助西方的火枪、大炮。于是，一场影响了近代中国命运的洋务运动在举国上下"办洋务"的热潮中开始了。

洋务运动一开始的目标是巩固国防，创办"自强新政"以"求强"，具体表现为开办军事工业、创建新式军队、购买国外新式武器等。1862年，清政府下令，都司以下军官一律开始学习西洋武操，各省防军开始更换新式武器。同年，曾国藩在安庆设军械所，李鸿章在上海设制炮所，中国的近代军事工业建设由此拉开序幕。短短几年间，在李鸿章等人的主持下，火枪、大炮、弹药、蒸汽战舰都已能够在国内建造，这在近代中国是一次大进步。

洋务派在兴建军事工业的同时，需要巨额的资金投入。洋务派领导人李鸿章认为"求富"是"求强"的先决条件，于是洋务派开始兴办民用工业。1872年，李鸿章在上海开办轮船招商局。在此后的十余年间，煤矿、铁厂、缫丝厂、电厂、自来水厂、织布厂、电报、铁路相继建设。这些民用工业的创办，打破了西方资本在中国的垄断，为国家回收了大量的白银，并为中国近代民族工业的发展打下了基础。

不仅如此，李鸿章还于1864年奏请清廷改革科举制度。在他的倡议下，清廷陆续开办了外文、军事、西医、电报等学校，并开始向海外派留学生。

洋务运动历经三十余年，虽然没有使中国走上富强的道路，但它引进了西方的先进技术，在客观上刺激了中国资本主义的发展，加速了封建生产关系的瓦解。

洋务运动引进了西方先进的科学技术和机器生产技术。

□ 镇南关大捷

1862年，法国出兵强占了中国邻邦越南的南部，准备以越南为基地进一步入侵中国。

1883年12月，法国侵略者向驻越南北部的清军潘鼎新部发动进攻，潘部仓皇败退。1885年2月，法军在尼格里指挥下进攻清军在越南的东线战区，攻占中越边境上的重镇——镇南关（广西友谊关），将战火烧到中国境内，广西游勇肆掠，商民纷纷迁徙，逃军难民蔽江而下，形势十分严峻。新任两广总督张之洞为挽回不利形势，起用了退职老将冯子材帮办广西关外军务。

年近七旬的老将冯子材临危受命，官拜关外军务帮办，率部赴镇南亲自迎击法军。为表示此行抗敌的决心，冯子材把他的两个儿子带在身边，以备料理后事。临行时，他嘱咐家人，一旦广西守不住了，就把祖先牌位迁回江南祖籍。冯子材誓死不做亡国奴。

冯子材到达前线，一面收集溃兵，稳定军心；一面招募民间丁勇，积极团结边防其他部队，鼓励军民保卫国家，并在距镇南关内十里的关前隘沿着山麓修筑了一道三里多的长墙，挖掘长壕，以备攻守。

1885年3月23日，法国侵略军大举进犯，冯子材率部下沉着应战，不断打退敌人进攻，激战终日，相持不下。次日清晨，大雾弥漫，法军在绝对优势炮火的掩护下，分兵三路，猛扑长墙。炮声震谷，枪弹雨集，长墙几乎被突破。在

这千钧一发的紧要关头，冯子材手持长矛，一跃而出，全军将士也一齐冲入敌阵，人人奋勇争先，刀劈枪挑，很快，法国侵略军就旗靡阵乱。这时关外的中越群众一千多人也冲杀前来，里应外合。法国侵略军全线崩溃，仓皇逃命。冯子材率军乘胜追击，收复文渊、谅山、谷松、长庆等地，杀死敌官兵一千多人，法军统帅尼格里也身受重伤。

镇南关大捷是清军在抵抗外敌入侵的战斗中获得的一次全面胜利，它使清军在陆上战场的局面转败为胜，转守为攻，这在中国近代史上是罕见的。

在镇南关一役中，冯子材率部下沉着应战，将法军打得狼狈逃窜。

□ 甲午战争

日本自从明治维新以后，逐渐走上了对外扩张的道路，并开始对中国虎视眈眈。1894年，日军挑起了侵略朝鲜的战争。9月初，朝鲜都城平壤吃紧。战火眼看就要烧到中国境内了，李鸿章不得不向朝鲜增派援兵。

这年为甲午年，9月17日，北洋水师提督丁汝昌率北洋舰队完成护送援军的任务返回，在鸭绿江口的黄海海面上遇到日本舰队，双方展开激战。北洋水师的"定远"、"镇远"两艘铁甲舰居中，排成"人"字阵列迎战。日本"吉野"等四舰凭借快捷的速度，横越"定远"、"镇远"两舰，攻击右翼"超勇"、"扬威"两舰。"超勇"中弹随即沉没，"扬威"也中弹起火驶出阵外，失去战斗力。

战斗进行到下午，日本"吉野"等四舰由北洋舰队右翼向左回旋，向中国旗舰"定远"逼进，企图施放鱼雷。这时，"致远"舰管带邓世昌见旗舰遭遇危险，下令疾驶到"定远"前迎战日舰。"致远"舰受到"吉野"等四舰围攻，多处受伤，而且弹药将尽。邓世昌下令加大马力，朝"吉野"舰冲去，誓要与"吉野"同归于尽。"吉野"舰急忙施放鱼雷，"致远"舰被击中，顷刻沉没。邓世昌等两百余名将士壮烈殉国。激战中，北洋舰队十舰中四沉两逃两伤，只剩"定远"、"镇远"两艘铁甲舰依然奋战。战至傍晚，日本舰队撤离战场。

10月24日，日军从鸭绿江边向清军发起进攻，在不到三天时间，由近三万重兵驻守的鸭绿江防线竟全线崩溃。十天后，日军开始向旅顺进逼，于11月22日占领旅顺并血洗全城。

1895年1月，日军开始进攻北洋海军基地威海卫。由于没有得到出击命令，致使北洋海军束手港内，全军覆没。丁汝昌和总兵刘步蟾自杀殉国。

甲午战争结束后，清政府急忙派李鸿章赴日议和。李鸿章与日本内阁总理大臣伊藤博文等人在马关春帆楼签订了丧权辱国的中日《马关条约》。

中日甲午海战中，北洋舰队的官兵们顽强战斗，与日舰血战到底。

□ 百日维新

《马关条约》签订后，全国上下群情激奋，反抗侵略、救国救亡的呼声越来越高。这时，以康有为为首的一批进京应试的举人，向朝廷递上一封《上皇帝书》，力陈时弊，劝光绪帝进行维新变法，史称"公车上书"。然而上书并没有送到光绪帝手里。随后，康有为通过光绪帝的老师翁同，与光绪帝建立了联系，光绪帝这才看到了上书。康有为还在翁同的安排下与光绪帝面谈了一次。康有为把自己的变法主张全盘托出，得到了光绪帝的赞赏和认可。

1897年11月，德国强占胶州湾，全国人民人心激愤。1898年1月29日，康有为上《应诏统筹全局折》。4月，康有为、梁启超等人在北京发起成立保国会，为变法维新做了直接准备。

在维新人士和帝党官员的积极推动下，光绪帝于1898年6月11日颁布《明定国是》诏书，宣布实行变法。变法期间，光绪帝根据康有为等人的建议，颁布了一系列变法诏书和谕令。这些革新政令目的在于学习西方的文化、科学技术和经营管理制度，发展资本主义，建立君主立宪政体，使国家富强。

维新变法开始以后，清政府中的守旧派官员不能容忍维新运动的发展，有人上书慈禧太后，要求杀了康有为等人。宫廷内外还有传言说，慈禧太后要废了光绪帝，另立皇帝。光绪帝几次召见维新派商议对策，维新派也没什么办法，只好建议光绪帝求助于手握兵权的大臣袁世凯，发动政变。没想到袁世凯表面上答应了，暗地里却派人向慈禧太后告了密。

1898年9月21日凌晨，慈禧太后突然来到光绪帝的寝宫，下令将光绪帝囚禁在中南海瀛台，然后发布诏书，宣布再次临朝听政。随后，慈禧太后下令捕杀维新派。康有为等人逃走，谭嗣同等六人被抓，惨遭杀害。而且所有新政的措施，除了京师大学堂外，全部都被废止。

这次变法维新从开始到失败，只进行了一百零三天，史称"百日维新"。

康有为提出学习西方、维新变法的主张，得到了光绪帝的支持。

□ 义和团运动

义和团原称义和拳，是长期流行于山东、直隶等地的民间秘密结社。义和拳采取设立神坛的方式发展组织，操练拳术，吸引群众，参加者绝大部分是农民。

甲午战争后，各地反对外国教会的斗争接踵而至，义和拳成为了反对外国侵略势力的重要组织。山东巡抚张汝梅建议将义和拳改编为团练，以便控制，遂将义和拳改名为义和团。义和团散发各种传单、揭帖，进行驱逐侵略者、保卫国家的宣传，还提出了"扶清灭洋"的口号。

1899年，在美国授意下，清政府任命袁世凯为山东巡抚。在袁世凯的镇压下，山东义和团遭到重大摧残。清政府官员在对待义和团问题上，一直存在着主剿和主抚两种意见。两派意见交互影响清政府，使政府态度对义和团的镇压忽松忽紧。

1900年5月27日，义和团进驻涿州城，接着又破坏涿州到长辛店铁路沿线的车站和桥梁，逼近北京。6月10日，八国联军两千余人从天津直趋北京。21日，清政府发布对外宣战的谕旨。义和团和清军开始围攻使馆和西什库教堂。

义和团运动的大爆发，特别是义和团进入北京和清政府对外宣战，促使人民群众反帝斗争很快席卷全国。各地群众纷纷拆毁教堂，破坏铁路，开场练拳。

1900年8月，八国联军攻入北京，慈禧和光绪帝逃往西安，在逃跑的途中发出了向帝国主义乞降的诏书和镇压义和团的谕令。与此同时，义和团战士正和装备洋枪洋炮的八国联军在北京城中进行着殊死巷战，鲜血洒满了京城的土地。

在清朝统治者的出卖之下，义和团遭到了八国联军和清政府的联合清剿，最终失败了。

义和团运动没有统一的组织、集中的领导和协同一致的行动，所以失败是不可避免的。但义和团群众奋不顾身、前仆后继，对帝国主义侵略者进行了顽强英勇的斗争，表现出了中华民族不甘屈服的反抗精神。

义和团扶清灭洋，反帝爱国，协同清军与八国联军展开了激烈的战斗。

□ 八国联军入京

1900年，义和团反帝爱国运动的蓬勃发展，使得侵略中国的帝国主义国家惊慌失措，他们一面威胁清政府加紧出兵镇压义和团，一面策划出兵干涉。

1900年7月，由英、美、德、意、日、法、俄、奥组成的两万余人的侵华联军攻占天津，随后沿运河两岸向北京进逼。8月13日，八国联军进攻通州，当晚日、俄军队抵达北京城下。日军进攻朝阳门，俄军进攻东便门，守城清军和义和团顽强抵抗。14日，英军攻破广渠门，俄、日等国的侵略军也相继入城，北京终于失陷。第二天清晨，慈禧太后便带着光绪帝仓皇逃往西安。

八国联军一进北京城，就疯狂地烧杀抢掠。凡是义和团设过坛的房屋，都被焚毁。侵略军还到处屠杀中国人民，见人就开枪，以致"死尸遍地，腐烂熏蒸惨难寓目"。侵略军公开准许军队抢劫三天，而实际上直到其撤离之日，可耻的侵略者从未停止过抢劫。北京城内大量历史文物惨遭毁坏和掠夺。翰林院所藏《永乐大典》，几乎全部散失，其他经史子集等珍本图书，一共损失四万六千多册。经过这次洗劫，中国"自元、明以来之积蓄，上自典章文物，下至国宝奇珍，扫地遂尽"。沙俄侵略军在这次洗劫中特别凶暴残忍，皇宫中凡是拿得走的贵重物品，一概拿走，凡是拿不走的便一概打碎。据估计，八国联军所掠夺的财物总价值不少于数十亿两白银。

在对北京进行疯狂洗劫后，列强又强迫清政府于1901年9月7日签订了丧权辱国的《辛丑条约》。11月，侵华联军总司令、德国陆军元帅瓦德西抵达北京。此后侵略军增至十多万人，分路侵犯山海关、保定、正定以至山西省境内。

清廷经过八国联军之役，完全屈服于列强的威势之下，逐渐由排外转为惧外、媚外。另一方面，民众充分认识到清政府的腐败无能，革命运动也得到了更广泛的支持。

1900年8月14日，北京陷入八国联军的手中。

辛亥革命

1905年8月，孙中山与黄兴等人以兴中会、华兴会等革命团体为基础，在日本东京创建同盟会。孙中山被推举为总理。他提出的"驱除鞑虏，恢复中华，创立民国，平均地权"的宗旨被采纳，作为同盟会纲领。

19世纪初，清政府将全国铁路路权陆续出卖给帝国主义列强，引起了全国人民的极大愤慨。1911年，湖北、湖南、广东、四川等省人民掀起了轰轰烈烈的保路运动，其中以四川省最为激烈。同盟会员组成保路同志军进围成都，又转战各地，攻城夺地，猛烈打击清政府在四川的统治。四川保路运动成为辛亥革命的导火线。

在清政府全力应付四川保路运动的时候，湖北新军中文学社、共进会等革命团体乘机发动武昌起义，揭开了辛亥革命轰轰烈烈的一幕。1911年9月下旬，革命党人感到形势紧迫，决定于10月6日中秋节发动起义。后由于形势瞬息变化，起义推迟。10月9日，在预定起义的那一天，共进社负责人孙武在汉口装配炸弹时不慎引起爆炸，湖广总督瑞澂下令闭城搜查，汉口和武昌的起义指挥机关遭到破坏，一些起义领导人被捕、被杀或避匿。在这种情况下，新军各标营中的革命士兵开始主动行动。10日晚7时，武昌城外塘角的辎重营和城内工程第八营几乎同时出动，各标营继而起兵响应。经过一夜苦战，11日晨，革命军占领总督署，首战成功。汉阳、汉口也先后为革命军占领。11日，起义军士兵聚集到湖北咨议局，宣布成立中华民国湖北军政府，推举新军统领黎元洪为鄂军都督，并发表宣言，改国号为中华民国，号召各省起义。

武昌起义的胜利，在全国得到了连锁反应，各省革命党人纷纷行动起来。不久，摄政王载沣宣布解散皇族内阁，交出全部军政大权。

1911年12月25日，同盟会总理孙中山自海外归来。29日，孙中山被选举为临时大总统。1912年元旦，孙中山到南京就职，正式宣告中华民国的诞生。2月12日，清宣统帝被迫宣告退位。

这场革命发生在1911年，农历是辛亥年，所以称辛亥革命。

孙中山在南京就任中华民国临时大总统，标志着中国历史进入了新的纪元。

图书在版编目（CIP）数据

中华上下五千年．第2卷／龚勋主编．—汕头：汕头大学出版社，2012.1（2021.6重印）
ISBN 978-7-5658-0575-2

Ⅰ．①中… Ⅱ．①龚… Ⅲ．①中国历史-青年读物②中国历史-少年读物 Ⅳ．①K209

中国版本图书馆CIP数据核字（2012）第008752号

中华上下五千年 （第2卷）

ZHONGHUA SHANGXIA WUQIANNIAN DI 2 JUAN

总 策 划	邢 涛	印　刷	唐山楠萍印务有限公司	
主　编	龚 勋	开　本	705mm×960mm　1/16	
责任编辑	胡开祥	印　张	10	
责任技编	黄东生	字　数	150千字	
出版发行	汕头大学出版社	版　次	2012年1月第1版	
	广东省汕头市大学路243号	印　次	2021年6月第8次印刷	
	汕头大学校园内	定　价	34.00元	
邮政编码	515063	书　号	ISBN 978-7-5658-0575-2	
电　话	0754-82904613			